« Je suis fière d'avoir [illegible] lement des adolescents et qui peut les inspirer. On ne leur fait pas de sermon, pas plus qu'on ne leur dicte une ligne de conduite. Un livre à lire absolument. »

Jennifer Love Hewitt
chanteuse et actrice, *Party of Five*

« Quel merveilleux cadeau à offrir à des ados ! Ces histoires les feront rire et pleurer. Ils apprécieront davantage la vie, l'amour et l'apprentissage. »

Barbara DeAngelis
auteure du best-seller *Real Moments*

« J'adore ce livre. Il nous interpelle et nous montre, à travers la vie des autres, qu'il faut profiter pleinement de la vie. »

Janet, 15 ans

« Je ne me lasserai pas de lire et relire ce livre. Il offre beaucoup plus qu'un divertissement; il change — pour le mieux — notre façon de voir la vie. »

Jennifer, 16 ans

« Ce que j'ai le plus aimé, c'est de lire des histoires sur les sentiments qu'éprouvent les filles dans leurs relations avec les garçons. »

Michael, 16 ans

« Après avoir lu ce livre, je me suis rendu compte que je pouvais faire mieux dans la vie. J'adore le sport et auparavant, après un mauvais match, j'avais l'impression que tout mon univers s'écroulait. Grâce à ce recueil d'histoires, je ne vois plus les choses de la même manière. »

Daniel, 15 ans

Bouillon de Poulet pour l'âme des Ados

JACK CANFIELD, MARK VICTOR HANSEN
ET KIMBERLY KIRBERGER

Bouillon de Poulet pour l'âme des Ados

Un recueil d'histoires sur la vie,
l'amour et l'apprentissage

Traduit par Annie Desbiens et Miville Boudreault

BÉLIVEAU
éditeur
Montréal, Canada

L'édition originale de cet ouvrage a été publiée sous le titre
CHICKEN SOUP FOR THE TEENAGE SOUL
101 Stories of Life, Love and Learning
©1997 Jack Canfield, Mark Victor Hansen
et Kimberly Kirberger
Health Communications, Inc.
Deerfield Beach, Floride (É.-U.)
ISBN 1-55874-463-0

Réalisation de la couverture: Morin Communication • Design

Dépôt légal: 4e trimestre 2007
Bibliothèque et Archives nationales du Québec
Bibliothèque nationale du Canada

ISBN 978-2-89092-230-3

BÉLIVEAU éditeur
5090, rue de Bellechasse
Montréal (Québec) Canada H1T 2A2
514-253-0403 Télécopieur: 514-256-5078

www.beliveauediteur.com
admin@beliveauediteur.com

Gouvernement du Québec – Programme de crédit d'impôt pour l'édition de livres – Gestion SODEC – www.sodec.gouv.qc.ca.

Nous reconnaissons l'aide financière du gouvernement du Canada par l'entremise du Programme d'aide au développement de l'industrie de l'édition (PADIÉ) pour nos activités d'édition.

IMPRIMÉ AU CANADA

Nous dédions affectueusement ce livre
à tous les adolescents qui sont devenus nos amis
et dont l'amitié nous a enseigné
que nous avons tous
quelque chose d'important à partager.

Nous dédions également ce livre
à John et Jesse, deux éternels ados
qui ont donné à Kim
le temps et l'espace dont elle avait besoin
pour consacrer deux années à ce projet;
à Lia qui, la première, nous a fait entrevoir
la possibilité de publier ce livre;
à Oran et Kyle qui, pendant leur adolescence,
ont beaucoup appris à leur père;
enfin, à nos enfants plus jeunes,
Christopher, Elizabeth et Melanie
qui, bientôt, seront eux aussi des ados
et que nous aimons de tout notre cœur.

Les citations

Pour chacune des citations contenues dans cet ouvrage, nous avons fait une traduction libre de l'anglais au français. Nous pensons avoir réussi à rendre le plus précisément possible l'idée d'origine de chacun des auteurs cités.

Table des matières

4. L'amour et la bonté

5. L'apprentissage

6. Les coups durs

Remerciements

Il faut mille voix pour raconter une seule histoire.

Proverbe amérindien

Il a fallu plus de deux ans pour écrire, compiler et préparer ce livre; nous y avons mis tout notre cœur. Nous sommes surtout heureux d'avoir travaillé avec les centaines d'adolescents et d'adultes qui ont donné à ce projet non seulement leur temps et leur énergie, mais aussi leur cœur et leur âme. Nous aimerions remercier les personnes suivantes pour leur dévouement et leur collaboration; sans elles, ce livre n'aurait jamais vu le jour.

Les membres de nos familles — Georgia, Christopher, Oran, Kyle, Patty, Elisabeth, Melanie, John et Jesse — pour nous avoir épaulés pendant les nombreuses heures que nous avons consacrées à la création de ce livre. Merci encore de nous avoir donné la liberté, le temps et le soutien dont nous avions besoin pour réaliser notre rêve et mener à terme une tâche qui semblait sans fin. L'amour que nous vous portons ne peut s'exprimer en mots.

Nous souhaitons également remercier un groupe d'adolescents dont la collaboration nous a permis d'offrir aux jeunes un livre dont les sujets les préoccupent réellement: Lisa Gumenick, pour son enthousiasme contagieux; Lisa Rothbard, pour sa franchise et sa touchante gentillesse; Bree Abel, pour son incroyable joie de vivre et son assurance à toute épreuve; Hana Ivanhoe, pour sa force de caractère et sa grande ouverture d'esprit; Jamie Yellin, pour son grand cœur et son sourire; Lia Gay, pour sa sagesse dont elle nous a fait profiter. Vous êtes le cœur de ce livre; nous vous saluons et vous aimons. Nous aimerions aussi remercier vos parents qui ont compris l'importance de votre participation à nos réunions et y ont assuré votre présence.

Merci à Heather McNamara, qui a révisé et préparé le manuscrit final avec tant d'aisance, de talent et de clarté. Nous avons apprécié ton incroyable habileté à transformer du matériel brut en produit si bien fini. Tu travailles avec la virtuosité d'un maître.

Merci à Patty Aubrey, qui a tout mis en œuvre pour faciliter et améliorer notre travail. Merci pour tes mille et une façons de nous venir en aide. Tu es la meilleure!

Merci à Nancy Mitchell, qui a consacré des centaines d'heures à l'obtention des autorisations nécessaires à la publication des histoires de ce recueil. Tu as fait preuve d'un sens aigu de l'efficacité. Ton dévouement et ton sens de l'engagement — sans oublier tes talents de détective sur Internet — sont tout simplement incroyables.

Merci à Jessie Braun, qui a lu toutes les histoires (et il y en avait beaucoup) et nous a gentiment indiqué celles qui n'avaient pas leur place dans ce livre en refusant tout simplement de les dactylographier. À 18 ans, tu pourrais en apprendre à bien des adultes. Sans toi, ce livre n'aurait jamais vu le jour.

Merci aux élèves du John F. Kennedy High School, à Granada Hills, Californie, qui nous ont fait part de leurs opinions et transmis leurs précieuses suggestions afin d'améliorer la première version de ce livre. Nous voudrions remercier tout particulièrement Willy Ackerman d'avoir coordonné cet ambitieux projet.

Merci à Kim Foley, dont le dévouement et le travail acharné à titre de collaboratrice de Kimberley Kirberger ne cessent d'emplir nos cœurs de gratitude. Tu es tout simplement remarquable.

Merci aussi aux gens suivants, qui ont lu la première ébauche, nous ont aidés à effectuer la sélection finale et ont émis des commentaires inestimables dans le but d'améliorer ce livre: Bree Abel, Christine Belleris, Jessie Braun, Morgan Brown, Kyle Canfield, Taycora Canfield, Matthew Diener, Pegine Echivaria, Kim Foley, Sima Freed, Steve Freedman, Lia Gay, Jessica Ghaemmaghami, Randee Goldsmith, Lisa Gumenick, Alejandra Hernandez, Hana Ivanhoe, Ben Kay, Lauren Leb, Katy Leicht, James Malinchak, Maggie McQuisten, Dave Murcott, Lisa Rothbard, Hilary Russell, Alyson Sena, Ben Watkins et Linda Zehr.

Merci à Pegine Echivaria, Jim Hullihan, James Malinchak et Jack Schlatter pour votre travail important auprès des jeunes. Vous avez toujours accepté de consacrer le temps qu'il fallait à discuter au téléphone pour nous encourager et partager votre expertise sur l'univers des adolescents d'aujourd'hui.

Merci à Peter Vegso et Gary Seidler, de Health Communications Inc., qui ont cru dès le début à notre projet et n'ont ménagé aucun effort pour le mener à terme. Merci, Peter et Gary!

Merci à Christine Belleris et Matthew Diener, nos éditeurs chez Health Communications, qui nous ont généreusement aidés à produire un ouvrage de grande qualité.

Merci à Freb Babb pour sa créativité dans la conception de la couverture de ce livre.

Merci à Kim Weiss et Arielle Ford, qui ont effectué un fantastique travail de relations publiques.

Merci à Teresa Spohn, Veronica Romero, Rosalie Miller, Lisa Williams, Julie Barnes et Kathleen Long, qui ont veillé à ce que nos bureaux fonctionnent normalement pendant que nous nous affairions à terminer ce livre.

Merci à Terri Andruk et Clay White, qui nous ont nourris de mets succulents et de gentillesse.

Merci à Leigh Taylor, Jessie Braun et Trudy Klefstad, qui ont dactylographié les textes avec brio, nous aidant ainsi à respecter nos échéances.

Merci à Dale Lindholm et Brad Frye, pour leur soutien sans faille. Vous êtes imbattables!

Merci à Nancy Berg, Eileen Lawrence, Sharon Linnéa Scott, Dave Murcott et Jane Watkins, qui ont révisé quelques-uns des textes les plus difficiles et les ont transformés en histoires merveilleuses et émouvantes. Merci d'être aussi talentueux et de travailler avec une telle rapidité!

Nous désirons également exprimer notre reconnaissance aux 1 500 personnes qui nous ont proposé des histoires, des poèmes et des citations. Même si vos écrits étaient pour la plupart très beaux, ils ne cadraient pas tous avec la structure d'ensemble de ce livre. Merci!

Compte tenu de l'envergure de ce projet, nous avons sans doute oublié de remercier quelques personnes qui nous ont aidés en cours de route. Si c'est le cas, veuillez nous en excuser, et soyez assurées que votre aide a été appréciée. Merci pour votre contribution, votre soutien, votre dévouement et votre générosité. Nous vous aimons tous!

Introduction

Cher ado,

Enfin un livre VRAIMENT écrit pour toi. Tu y trouveras une foule d'histoires qui te feront rire et pleurer. Ce livre deviendra ton meilleur ami, toujours là quand tu en as besoin, toujours prêt à te raconter une histoire pour te réconforter. Quand tu te sentiras seul, il te tiendra compagnie. Quand tu penseras à ton avenir, il te dira: «OUI, tu es capable d'accomplir les projets qui te tiennent à cœur.» Ce recueil renferme des histoires sur des sujets qui te concernent de près ou de loin: les rêves qui deviennent réalités, les chagrins d'amour, la victoire sur la timidité, la vie après une tentative de suicide. Tu liras des histoires de triomphe, mais aussi des histoires si tristes qu'elles t'arracheront des larmes. Et chacune de ces histoires t'interpellera, sans sermon ni jugement.

Comment lire ce livre

Lis les histoires de ce livre comme il te plaît, dans l'ordre ou dans le désordre. Si un sujet te préoccupe ou t'intéresse plus particulièrement, consulte les thèmes des chapitres et choisis celui qui te convient.

Voici ce que Stephanie Chitaca nous a écrit:

Je dois avouer que mon histoire préférée a été «Mon père, ce grand homme». Elle m'a fait voir que mes disputes avec mon père sont futiles. Le bonheur de mon père me tient vraiment à cœur.

Diana Verdigan, elle, a écrit que l'histoire intitulée «Tigresse» l'a particulièrement touchée:

> *J'ai ressenti la même chose quand j'ai dû me séparer de mon chat. Pas de rage, ni refus, ni hystérie, seulement l'acceptation de l'inévitable, et moi aussi j'en ai souffert. Ce garçon n'aura peut-être plus jamais d'animal de compagnie.*

Ce livre en est un qu'on ne termine jamais vraiment. Nous espérons que tu le liras encore et encore, que tu le consulteras pour chercher des solutions, que tu t'en serviras pour y trouver conseil ou inspiration.

Une adolescente du nom de Kara Salsburg nous a écrit ce qui suit à propos des autres livres de la série *Bouillon de poulet pour l'âme*: «Je les lis et les relis sans cesse. Ce sont mes livres préférés.»

«J'aime lire les histoires de *Bouillon de poulet*», nous a également écrit Shannon Richard, 14 ans. «Ces histoires donnent un sens nouveau à ma vie.»

Fais lire ces histoires aux autres

Pour évaluer les histoires de ce livre, nous avions rassemblé un groupe de lecteurs et de lectrices. Une des lectrices de ce groupe nous a confié que, peu à peu, ses amies se sont mises à venir chez elle chaque jour après l'école pour lire à tour de rôle une histoire aux autres.

Au fil de ta lecture, tu éprouveras probablement l'envie de faire connaître ces histoires autour de toi. Tu voudras les faire lire à tes amis. Nous avons reçu d'innombrables témoignages d'adolescents qui se lisaient des histoires au téléphone, ou qui veillaient tard le soir en compagnie d'un ami, «le temps d'en lire une petite dernière».

A.J. Langer, qui personnifie Rayanne dans *My So-Called Life*, nous a raconté qu'elle a emporté ce livre lors d'une excursion de camping avec des amis et qu'autour d'un bon feu de camp, ils se sont lu leurs histoires favorites. Cette lecture commune les a tellement inspirés (eux et leur créativité) que le lendemain, chacun a écrit une histoire et l'a lue aux autres.

Plusieurs ados nous ont également confié que les histoires de ce livre expriment des choses qu'ils ont eux-mêmes du mal à exprimer. Une adolescente (qui a demandé l'anonymat) a dit:

Je trouvais que l'histoire intitulée «Écoute-moi je t'en prie» disait exactement ce que je voulais dire à mon amie Karen. Elle est ma meilleure amie, mais elle ne m'écoute jamais; j'ai donc recopié l'histoire, puis je la lui ai donnée en lui disant tout simplement que c'était une de mes histoires préférées. Je pense qu'elle a compris mon message, car depuis ce temps-là, elle m'écoute davantage.

Ce livre est pour *toi*

Pour nous, il était primordial que ce livre corresponde à ce que *tu* es réellement. Nous n'avons ménagé aucun effort pour nous assurer qu'il traite de sujets qui te préoccupent vraiment et qu'il les aborde avec ouverture d'esprit et délicatesse. Parmi les histoires qu'on nous a proposées, nous avons éliminé celles qui avaient un ton trop prêchi-prêcha ou trop bébête.

Ce livre en est un que je me procurerais, non seulement pour moi, mais pour mes amis.

– Jason Martinson

Si je n'avais qu'un seul livre à acheter, c'est ce livre que je choisirais.

– Regina Funtanilla

Ce que j'ai aimé par-dessus tout, ce sont les poèmes. Ils étaient vraiment riches de sens.

– Richard Nino

J'apprécie réellement que vous vous préoccupiez de ce que nous (les jeunes de 15-16 ans) pensons.

– Edward Zubyk

1

Les relations

Toutes tes relations, quelles qu'elles soient,
sont comme le sable
que tu tiens au creux de ta main.
Si tu gardes la main ouverte,
le sable reste là où il est.
Toutefois, si tu fermes la main
et serres le poing pour retenir le sable,
il te glisse entre les doigts.
Certes, tu en retiendras quelques grains,
mais tout le reste s'éparpillera.
C'est la même chose dans tes relations avec les gens.
Si tu les traites sans contrainte,
avec respect pour la liberté de l'autre,
elles demeureront probablement intactes.
Si tu serres trop fort pour te les approprier,
elles te glissent entre les doigts
et sont à jamais perdues.

Kaleel Jamison,
The Nibble Theory

«Brian m'a juré un amour éternel, puis il m'a dit qu'il avait regardé un épisode de Patrouille du Cosmos dans lequel on prouvait irréfutablement que l'éternité pouvait en réalité ne durer que quelques jours.»

Avec le temps

Avec le temps, tu apprends la différence subtile qui existe entre tenir la main et enchaîner une âme;

Puis, tu apprends que l'amour n'est pas synonyme de dépendance et que la compagnie des autres n'est pas synonyme de sécurité;

Puis, tu apprends qu'un baiser n'est pas un contrat et qu'un cadeau n'est pas une promesse;

Puis, tu apprends à accepter la défaite dignement, avec la grâce d'un adulte plutôt qu'avec l'air chagriné d'un enfant;

Puis, tu apprends à bâtir aujourd'hui parce que demain est encore trop incertain.

Avec le temps, tu apprends que même le soleil brûle si tu t'y exposes trop longtemps.

Par conséquent, cultive ton propre jardin et enjolive ton âme au lieu d'attendre qu'on t'apporte des fleurs.

Tu verras alors que tu es plus solide que tu penses...

Que tu as beaucoup de force,

Que tu es quelqu'un de bien.

Veronica A. Shoffstall
écrit à l'âge de 19 ans

Comment rater la femme de ses rêves

On ne perd jamais rien à aimer. On perd toujours à s'empêcher d'aimer.

Barbara De Angelis

Je n'oublierai jamais la première fois que j'ai aperçu cette « créature de rêve ». Elle s'appelait Susie Summers (un nom d'emprunt pour préserver toute la magie de cette histoire). Son sourire électrisant resplendissait sous ses yeux pétillants et te faisait sentir tout drôle (surtout si tu étais de sexe masculin).

Sa beauté physique était époustouflante, mais c'est sa beauté intérieure que je me rappellerai toujours. Très soucieuse des autres, elle possédait un talent extraordinaire pour écouter. Son sens de l'humour pouvait égayer ta journée entière et ses paroles perspicaces correspondaient toujours à ce que tu avais besoin d'entendre. Elle avait non seulement l'admiration de tous, garçons et filles, mais aussi leur respect. Pour une fille qui possédait tout ce que l'on pouvait désirer en ce bas monde, elle restait d'une extrême humilité.

Inutile de préciser qu'elle faisait rêver tous les garçons qu'elle croisait. Surtout moi. Un jour, j'eus la chance de marcher avec elle jusqu'à l'école; une autre fois, j'eus même l'occasion de dîner avec elle en tête-à-tête. Le paradis terrestre !

À cette époque, je me disais : « Si seulement je pouvais avoir une petite amie comme Susie Summers, je ne lèverais plus jamais les yeux sur une autre fille. » J'étais toutefois persuadé qu'une fille aussi remarquable fréquentait sûrement quelqu'un de mieux que moi. J'étais président du conseil étudiant, certes, mais je sentais que je n'avais pas l'ombre d'une chance.

Toujours est-il qu'à la remise des diplômes, je fis mes adieux à mon premier grand coup de foudre.

Un an plus tard, je croisai sa meilleure amie dans un centre commercial et nous prîmes une bouchée ensemble. La voix quelque peu troublée, je lui demandai des nouvelles de Susie.

Elle répondit : «Eh bien... elle a fini par se remettre de ton absence.»

«Mais de quoi parles-tu?», lui demandai-je.

«De la façon dont tu l'as laissée tomber. C'était vraiment cruel. Tu l'accompagnais toujours jusqu'à l'école, lui laissant croire que tu t'intéressais à elle. Tu te rappelles la fois où vous avez mangé ensemble? Eh bien, elle est restée rivée au téléphone toute la fin de semaine qui a suivi. Elle était persuadée que tu l'appellerais pour lui donner rendez-vous.»

Paralysé par la peur qu'elle me rejette, jamais je n'avais osé lui révéler mes sentiments. Si je l'avais invitée, quelle est la pire chose qui aurait pu arriver? Que mon invitation tombe à l'eau. Eh bien, devinez quoi? Comme je n'ai pas tenté ma chance, JE NE SUIS JAMAIS SORTI AVEC ELLE. Et le plus frustrant dans tout cela, c'est de savoir qu'elle aurait probablement accepté.

Jack Schlatter

Mon premier baiser

J'étais une adolescente très timide, tout comme mon premier petit ami. À cette époque, nous avions 14 ou 15 ans et vivions dans une petite ville. Nous sortions ensemble depuis environ six mois et nous nous limitions encore à tenir la main moite de l'autre, à aller au cinéma pour réellement regarder le film et rien d'autre, à discuter de tout et de rien. Nous passâmes souvent près d'échanger un baiser — nous en mourions d'envie tous les deux — mais aucun de nous n'avait le courage de faire le premier pas.

Finalement, un soir où nous étions assis sur le divan du salon, il décida de tenter sa chance. Nous étions en train de parler de la température (sans blague!) lorsqu'il se pencha vers moi. Je plaçai alors un coussin devant mon visage pour mettre un frein à ses avances... et c'est le coussin qui reçut son baiser!

Je désirais ardemment être embrassée, mais j'étais trop nerveuse pour le laisser s'approcher de moi. Je m'installai donc un peu plus loin sur le divan. Il s'approcha de moi encore. Nous discutâmes du film (qu'est-ce qu'on s'en moquait!), puis il fit une nouvelle tentative. J'opposai la même résistance.

Je m'installai définitivement à l'autre bout du divan. Il me suivit. Nous poursuivîmes la conversation. Il se pencha de nouveau vers moi... Je me levai! (Probablement une crampe dans la jambe.) Je me rendis près de la porte d'entrée, m'adossai au mur, croisai les bras et lui dis avec impatience: «Eh bien quoi! Tu te décides à m'embrasser ou non?».

«Oui», répondit-il. Et voilà que je redressai la tête, fermai les yeux et tendis les lèvres. J'attendis... et attendis.

(Pourquoi diable ne m'embrassait-il pas?) J'ouvris les yeux et vis qu'il s'approchait de moi. J'esquissai un sourire...

... ET IL EMBRASSA MES DENTS!

Je crus mourir!

Il partit.

Je me suis toujours demandé s'il avait parlé de ma maladresse à ses amis. Comme j'étais affreusement timide, je gardai mes distances des garçons durant pratiquement deux ans. En fait, dès que lui ou un autre garçon venait dans ma direction à l'école, je m'esquivais par la première porte ouverte jusqu'à ce qu'il s'éloigne. Pourtant, je connaissais ces garçons depuis la maternelle.

Pendant ma première année au collège, je pris la résolution de vaincre ma timidité. Je voulais apprendre à embrasser avec grâce et assurance. C'est ce que je fis.

Le printemps venu, je retournai chez mes parents. Le soir même, je me rendis dans une discothèque et devinez qui était assis au bar: celui qui m'avait embrassé les dents. Je m'approchai et lui tapotai l'épaule. Sans la moindre hésitation, je le pris dans mes bras, le fis presque tomber de son tabouret et lui donnai mon meilleur baiser. Après l'avoir aidé à se rasseoir, je le regardai d'un air triomphant: «Et voilà!», lui lançai-je.

Il me montra alors du doigt la femme qui se trouvait à ses côtés en disant: «Mary Jane, j'aimerais te présenter mon épouse.»

Mary Jane West-Delgado

Les âmes sœurs

J'ai souvent raconté à ma fille, Lauren, l'histoire de ma rencontre avec son père et de nos fréquentations. Maintenant qu'elle a 16 ans, Lauren se fait du souci: elle vient de prendre conscience que son âme sœur pourrait bien être un garçon de sa classe et qu'il pourrait même lui donner rendez-vous, mais elle ne se sent pas prête à s'engager comme son père et moi l'avons fait il y a des années.

J'ai rencontré Mike le 9 octobre 1964. Nous nous étions timidement regardés sur le patio d'Andrea, une amie commune, à l'occasion d'une fête. Nous avions échangé un sourire, puis nous avions entamé une discussion qui avait duré toute la soirée, comme si nous étions seuls au monde. J'avais 11 ans et lui 12. Trois jours plus tard, il devenait mon petit ami et, après un mois de fréquentations plutôt tumultueuses, ce fut la rupture.

Après plusieurs mois, Mike revint à la charge et m'invita à sa somptueuse réception; il me demanda même de lui accorder une danse. (Des années plus tard, il me confia que mes appareils orthodontiques, mes jambes maigrelettes et mes cheveux en bataille ne l'avaient pas empêché de me trouver belle.)

Comme Mike et moi avions beaucoup d'amis communs et que nous fréquentions le même groupe d'élèves à l'école, nos chemins ne cessèrent de se croiser au cours des années qui suivirent. Chaque fois que je rompais avec un garçon ou qu'un autre me brisait le cœur, ma mère disait invariablement: «Ne t'en fais pas, tu finiras avec Mike Leb.» Et je lui répondais toujours en hurlant: «Jamais! Comment peux-tu croire une chose pareille!».

Elle me rappelait alors que son nom revenait constamment dans mes conversations et qu'il était un bon garçon.

Le temps passa et je me retrouvai à l'école secondaire où les beaux garçons ne manquaient pas. Pourquoi alors étais-je si préoccupée par le fait que Mike fréquentait ma meilleure amie? Pourquoi, me demandais-je, cela commençait-il à me rendre folle? Pourquoi nous retrouvions-nous toujours en train de bavarder à l'arrêt d'autobus? Jamais je n'oublierai ses mocassins bleus. Personne n'avait de si beaux souliers. Les paroles de ma mère me revenaient souvent à l'esprit, mais j'essayais toujours de les chasser.

Pendant les trois premières années à cette école, Mike et moi passâmes de plus en plus de temps ensemble — en compagnie de sa petite amie, qui était également ma meilleure amie, et d'autres. L'été qui suivit, Mike partit suivre un cours d'espagnol à Mexico. Je m'aperçus alors qu'il me manquait beaucoup. À son retour au mois d'août, il me donna un coup de fil et vint me voir à la maison. Bronzé et riche de sa récente expérience, il me parut adorable. Il n'avait pas appris un seul mot d'espagnol, mais il était si beau. Ce jour-là, le 19 août 1968, devant la porte de ma maison, nous nous regardâmes et nous comprîmes que nous étions faits l'un pour l'autre. Toutefois, il nous fallut attendre que j'en aie terminé avec le rendez-vous que j'avais ce soir-là avec un autre garçon, auquel j'annonçai que je devais rentrer tôt parce que j'allais dorénavant fréquenter Mike. De son côté, Mike annonça à sa petite amie que leur relation intermittente prenait fin pour de bon.

Nous gardâmes notre relation secrète en attendant le moment de l'annoncer fièrement à l'occasion d'une fête d'amis. Nous arrivâmes à cette soirée à la dernière minute et, sans autre préambule, nous annonçâmes à tous nos amis que nous formions officiellement un couple. Personne ne fut surpris; en fait, ils eurent tous l'air de dire «C'est pas trop tôt!».

Après mes études secondaires, j'entrai au collège. Au bout de dix longues semaines, je demandai mon transfert à un autre collège afin de me rapprocher de Mike. Le 18 juin 1972, nous nous mariâmes.

J'avais 19 ans et Mike en avait 20. Nous installâmes notre petit nid d'amour dans un logement du collège réservé aux couples mariés, le temps de terminer nos études. Je décrochai un diplôme d'éducatrice spécialisée tandis que Mike fut admis à une faculté de médecine.

Aujourd'hui, 25 années plus tard, je souris en regardant ma ravissante fille, Lauren, et mon charmant garçon, Alex. Même si l'histoire de leurs parents a quelque peu changé leur façon de voir les relations amoureuses entre adolescents, jamais ils n'entendront leur père ou leur mère faire ce commentaire: «Ne t'en fais pas; ce n'est qu'une amourette de jeunesse.»

Fran Leb

La cicatrisation

Quand tu es blessé dans tes sentiments,
Ton corps amorce un processus
qui se fait aussi naturellement
que la cicatrisation d'une plaie.

Laisse ce processus accomplir son œuvre.
Reste confiant que la nature
t'apportera la guérison.

Sache que la douleur s'apaisera,
et que peu à peu tu deviendras
plus fort et plus heureux,
plus sensible et mieux outillé.

Mel Colgrove
tirée de *How to Survive the Loss of a Love*
(Comment survivre à un chagrin d'amour?)

Le déménagement

À l'âge de 16 ans, juste avant la rentrée scolaire, la pire chose qui pouvait se produire dans ma vie me tomba dessus: mes parents décidèrent de quitter notre Texas natal pour déménager toute la famille en Arizona. Comme le déménagement devait se faire avant le début des classes, il me restait deux semaines pour mettre mes «affaires» en ordre. J'allais devoir quitter mon premier emploi, mon copain et ma meilleure amie, puis recommencer ma vie à zéro. J'en voulais terriblement à mes parents de détruire ainsi mon univers. Je répétai à qui voulut l'entendre que je détesterais l'Arizona et que je reviendrais au Texas à la première occasion.

Une fois arrivée en Arizona, je m'arrangeai pour que tout le monde sache qu'il y avait au Texas un copain et une meilleure amie qui m'attendaient. J'étais résolue à garder mes distances avec les autres, car dans mon esprit, je n'étais pas là pour longtemps.

Lorsqu'arriva le premier jour de classe, j'étais une véritable loque. Je ne pensais qu'à mes amis du Texas et à mon désir d'être avec eux. Pendant un certain temps, je crus que ma vie était fichue. Par la suite, cependant, les choses s'améliorèrent un peu.

C'est dans mon cours de comptabilité que je l'aperçus pour la première fois. Grand, musclé et très séduisant, ce garçon avait les plus beaux yeux bleus qui m'aient été donné de voir. Il était assis dans la même rangée que moi, trois pupitres plus loin. Sentant que je n'avais rien à perdre, je me hasardai à faire les premiers pas.

«Salut, je m'appelle Sheila. Et toi?», lui demandai-je dans mon accent texan.

Le garçon assis à côté de lui crut que je m'adressais à *lui* et répondit: «Mike».

«Salut Mike», dis-je poliment. Puis, posant de nouveau mon regard sur celui dont je voulais savoir le nom, je demandai: «Et toi?».

Il regarda par-dessus son épaule, étonné que je lui demande son nom. «Chris», répondit-il doucement.

«Salut Chris!», ajoutai-je en souriant. Puis, je me remis au travail.

Chris et moi devînmes amis. Nous aimions bavarder ensemble pendant les cours. À l'école, Chris participait aux activités sportives, tandis que je faisais partie de la fanfare; selon la coutume de l'établissement que nous fréquentions, les deux groupes ne se mêlaient pas. Certes, nous nous croisions à l'occasion, mais notre amitié demeura en grande partie confinée aux quatre murs de la classe où se donnait le cours de comptabilité.

À la fin de l'année, Chris décrocha son diplôme et nos chemins se séparèrent pendant un bout de temps. Un jour, il vint me voir à la boutique où je travaillais. J'étais très heureuse de le revoir. Par la suite, il prit l'habitude de m'accompagner à mes pauses-café pour bavarder. Désormais libérés des convenances imposées par sa bande de copains, nous devînmes très proches. Ma relation avec mon petit ami du Texas avait perdu de l'importance à mes yeux. Je sentais que les liens entre Chris et moi se resserraient et prenaient toute la place.

Cela faisait maintenant un an que j'avais quitté le Texas, et je commençais à me sentir chez moi en Arizona. Chris m'accompagna à mon bal des finissants; nous y allâmes avec deux de ses copains et leurs petites amies. Cette soirée-là changea à jamais notre relation, car Chris paraissait content de voir que ses copains m'acceptaient. Enfin, nous pouvions vivre ouvertement notre relation.

Chris occupa une place importante dans mon cœur pendant cette période difficile de ma vie. Nos liens se transformèrent bientôt en un amour très profond. Aujourd'hui, je sais que mes parents n'ont pas déménagé en Arizona pour me blesser, bien que j'en étais convaincue à l'époque. Aujourd'hui, je sais que derrière toute chose se cache une raison. Si je n'étais pas allée en Arizona, je n'aurais jamais rencontré l'homme de ma vie.

Sheila K. Reyman

Aimer véritablement, c'est renoncer à toute attente; c'est accepter pleinement l'autre, c'est célébrer la différence.

Karen Casey
auteure de *Chaque jour un nouveau départ*

«On voit bien qu'on approche de l'an 2000; on ne peut plus se débarrasser tout simplement de son petit ami. Il faut le recycler.»

Reproduit avec l'autorisation de Randy Glasbergen.

Un premier amour inoubliable

Quand Bruce traversait la cour de l'école, on ne pouvait faire autrement que de le remarquer. Un peu dégingandé, les cheveux lissés vers l'arrière et les sourcils toujours haussés lorsqu'il était plongé dans une grande conversation, il était une réplique en plus mince de James Dean. Bruce était un garçon d'une grande tendresse, réfléchi et profond. Jamais il n'aurait fait de mal à une mouche.

Il m'intimidait terriblement.

Un beau matin, alors que je venais de rompre avec mon petit ami, un garçon un peu nigaud auquel je tenais comme à une mauvaise habitude, Bruce m'aborda sur le chemin de l'école et fit le trajet avec moi. Il m'aida à transporter mes livres et me fit rire une bonne douzaine de fois avec ses blagues. Je l'aimais bien. Je l'aimais même beaucoup.

Son intelligence m'intimidait, mais je me rendais compte que j'avais plus peur de moi que de lui.

Nous nous mîmes à faire le trajet de l'école de plus en plus souvent ensemble. Parfois, cachée derrière mon casier, je l'épiais, le cœur battant, me demandant s'il allait un jour m'embrasser. Nous nous fréquentions depuis plusieurs semaines déjà et jamais il n'avait essayé de m'embrasser.

Il se contentait plutôt de me tenir la main, de mettre son bras autour de mes épaules et de m'accompagner aux salles de classe en transportant mes livres. Lorsque j'ouvrais mes bouquins, j'y trouvais souvent une note dont les mots élégamment tracés parlaient d'amour et de passion avec une profondeur que ne pouvait comprendre l'adolescente de 17 ans que j'étais.

Il m'envoyait des livres, des cartes et des messages. Il venait chez moi et nous écoutions de la musique pendant des heures. Il aimait tout particulièrement me faire entendre la chanson de Stevie Wonder *You Brought Some Joy Inside My Tears*.

Un jour, au travail, il m'envoya une carte qui disait: «Tu me manques quand je suis triste. Tu me manques quand je suis seul. Mais par-dessus tout, tu me manques quand je suis heureux.»

Je me vois encore déambuler sur la rue principale, au milieu des bruits de klaxons, le long des commerces dont les enseignes semblaient inviter les passants à entrer pour échapper au froid; une seule pensée occupait alors mon esprit: «Bruce dit que je lui manque surtout quand il est heureux. C'est étrange.»

Je me sentais profondément mal à l'aise d'avoir à mes côtés un esprit aussi romantique, un garçon — déjà un homme, en fait, à 17 ans — qui prononçait seulement des paroles mûrement réfléchies, qui soupesait chaque argument, qui lisait de la poésie jusqu'à tard dans la nuit et qui méditait longuement avant de prendre la moindre décision. Je sentais en lui une profonde tristesse que j'étais incapable de comprendre. Avec le recul, je crois aujourd'hui que sa tristesse venait du fait qu'il se sentait tel un étranger parmi les siens.

Notre relation était si différente de celle que j'avais eue avec mon petit ami précédent. Avec Bruce, notre vie se résumait à regarder des films, à manger du maïs soufflé et à échanger les derniers potins. Nous rompions souvent et nous fréquentions d'autres personnes. Parfois, on aurait dit que toute l'école suivait avec attention nos ruptures toujours intenses qui offraient un grandiose spectacle dont nos amis se délectaient. Bref, un roman-feuilleton dans la plus pure tradition.

Lorsque je parlais à Bruce de toutes ces choses, il me prenait dans ses bras et me disait qu'il serait patient, le temps que je mette de l'ordre dans mes idées. Puis, il me lisait quelque chose. Un jour, il m'offrit *Le Petit Prince* dans lequel il avait souligné ce passage: «On ne voit bien qu'avec le cœur.»

En guise de réponse, j'utilisais le seul moyen que je connaissais: je lui écrivais des lettres passionnées et poétiques dont l'intensité m'étonnait moi-même. Je continuais cependant de rester sur mes gardes et de le tenir à distance, de peur qu'il découvre que je ne possédais ni l'intelligence ni la profondeur d'esprit dont il faisait preuve.

En fait, je voulais conserver nos anciennes habitudes faites de cinéma, de maïs soufflé et de potins. C'était tellement plus facile. Je me rappelle encore très bien ce jour où, dehors malgré le froid, je lui annonçai que je retournais à mon ancien petit ami. «Il a plus besoin de moi que toi», dis-je d'une voix aiguë. «On se débarrasse difficilement de ses vieilles habitudes.»

Bruce me regarda d'un air peiné, plus triste pour moi que pour lui. Il savait, et je savais, que je commettais une erreur.

Les années passèrent. Bruce entra le premier au collège; puis, ce fut mon tour. Tous les ans, chaque fois que je revenais à la maison pour Noël, j'allais toujours rendre visite à la famille de Bruce, que j'avais toujours adorée d'ailleurs. Les membres de sa famille m'accueillaient chaleureusement dès que je posais les pieds dans la maison et se montraient toujours heureux de me voir; par leur attitude, je savais que Bruce m'avait pardonné mon erreur.

Un Noël, Bruce me dit: «J'ai toujours trouvé que tu écrivais bien. Tu as vraiment une belle plume.»

«C'est vrai», renchérit sa mère. «Tu écris magnifiquement bien. J'espère que tu n'arrêteras jamais d'écrire.»

«Comment savez-vous que j'écris bien?» demandai-je à sa mère.

«Oh! Bruce me faisait lire toutes tes lettres. Lui et moi ne nous lassions jamais de les lire.»

J'aperçus alors son père hocher la tête comme pour acquiescer. Je m'enfonçai un peu plus dans mon fauteuil, rougissant jusqu'aux oreilles. Qu'est-ce que j'avais bien pu écrire dans mes lettres?

Je n'avais jamais su que Bruce admirait mon écriture autant que j'admirais son intelligence.

Avec les années, j'ai perdu sa trace. Les dernières nouvelles que j'ai eues de lui me sont venues de son père: Bruce avait déménagé à San Francisco et songeait à devenir chef cuisinier. Pour ma part, après une douzaine de relations amoureuses qui ont tourné au fiasco, j'ai finalement épousé un homme merveilleux — lui aussi très intelligent. Devenue plus mature, je me sens à la hauteur de l'intelligence de mon mari — surtout lorsqu'il me rappelle que je le suis moi-même.

Parmi tous les amoureux que j'ai eus, un seul demeure dans mes bons souvenirs, et c'est Bruce. J'espère par-dessus tout qu'il est heureux. Il le mérite. D'une certaine façon, je crois qu'il m'a aidée à devenir qui je suis aujourd'hui, qu'il m'a appris à accepter ce côté de moi que je refusais de voir en me gorgeant de films, de maïs soufflé et de potins. Grâce à lui, j'ai découvert mon âme et l'écrivaine qui s'y trouvait.

Diana L. Chapman

2

L'AMITIÉ

Certains entrent dans notre vie
et ne font que passer;
d'autres s'y attardent
et laissent des empreintes
qui nous transforment à jamais.

Source inconnue

La commère

Il était une fois une femme qui colporta quelques potins au sujet d'un voisin. En quelques jours, ses commérages avaient fait le tour de la ville. Le voisin dont il était question en fut profondément blessé et offensé. Peu de temps après, la commère apprit que la rumeur qu'elle avait répandue était absolument sans fondement. Profondément désolée, elle se rendit auprès d'un sage pour lui demander comment réparer le tort qu'elle avait causé.

«Rends-toi au marché, achète un poulet et fais-le abattre», répondit-il. «Ensuite, en rentrant chez toi, arrache-lui ses plumes et laisse-les tomber une à une le long de la route.» Quoique étonnée par ce conseil, la femme fit ce que le sage lui avait recommandé.

Le lendemain, le sage lui dit: «Maintenant, va et ramasse toutes les plumes que tu as laissées tomber hier, puis rapporte-les-moi.»

La femme reprit le même trajet. Or, à son grand désarroi, le vent avait dispersé toutes les plumes. Après les avoir cherchées pendant des heures, elle retourna voir le sage avec seulement trois plumes dans la main. «Tu vois, dit le vieil homme, il est facile de les disséminer, mais impossible de les récupérer. Ainsi en est-il des rumeurs. Il est facile de les répandre, mais une fois que c'est fait, on ne peut jamais réparer tout le tort qu'elles ont causé.»

Auteur inconnu
proposée par Helen Hazinski

Une simple carte de Noël

Un ami, c'est un cadeau que l'on offre à soi-même.

Robert Louis Stevenson

Abbie, une jeune fille timide et réservée, commença sa nouvelle année scolaire dans la grosse école du centre de la ville sans se douter un instant qu'elle s'y sentirait seule. Elle se mit bientôt à regretter sa classe de l'année précédente, petite et chaleureuse. Elle trouvait l'atmosphère beaucoup trop froide dans sa nouvelle école.

À l'école, personne ne semblait se soucier de ce qu'Abbie pouvait ressentir. Abbie était très aimable envers les autres, mais sa timidité l'empêchait de se faire des amis. Certes, elle se faisait bien quelques copines à l'occasion, mais celles-ci étaient toujours du genre à abuser de sa gentillesse.

Chaque jour, elle arpentait les couloirs de l'école comme si elle n'existait pas; comme personne ne lui adressait la parole, on n'entendait jamais sa voix. Elle en vint au point de croire que son opinion ne valait rien. Elle restait donc silencieuse, presque muette.

Ses parents se faisaient beaucoup de souci pour elle, car ils craignaient qu'elle n'ait jamais d'amis. Et comme ils étaient divorcés, ils savaient pertinemment qu'Abbie avait sûrement grand besoin de se confier à quelqu'un. Ses parents firent donc tout ce qu'ils purent pour l'aider à s'intégrer, lui achetèrent vêtements et disques compacts, mais rien ne fonctionnait.

Malheureusement, les parents d'Abbie ignoraient que leur fille songeait à mettre fin à ses jours. Elle pleurait souvent jusqu'à s'épuiser, persuadée que personne ne l'aimerait jamais assez pour devenir un véritable ami.

Sa nouvelle copine Tammy se servait d'elle: prétextant avoir besoin d'aide dans ses devoirs, Tammy s'arrangeait pour qu'Abbie fasse le plus gros de ses travaux scolaires à sa place. Pire encore, lorsque Tammy s'amusait, elle laissait Abbie de côté et ajoutait ainsi à son désespoir.

L'été arriva et les choses empirèrent. Dans sa solitude et son désœuvrement, Abbie ne trouva d'autre chose à faire que de se livrer à ses sombres pensées. Elle se convainquit que tout s'écroulait autour d'elle et en conclut que la vie n'en valait pas la peine.

Lorsque la nouvelle année scolaire commença, elle joignit les rangs d'un groupe de jeunes de sa paroisse dans l'espoir de s'y faire des amis. Elle rencontra des garçons et des filles qui, en apparence, l'accueillaient comme une des leurs, mais qui, dans leur for intérieur, souhaitaient qu'elle reste à l'écart de leur groupe.

Noël approchait et Abbie était si déprimée qu'elle se mit à prendre des somnifères pour trouver le sommeil; on aurait dit qu'elle prenait peu à peu ses distances du monde qui l'entourait.

Finalement, elle décida de profiter du fait qu'elle serait seule le soir de Noël pour se jeter en bas d'un pont. Au moment de quitter la chaleur de sa maison pour faire le long trajet qui mènerait au pont, elle voulut laisser à ses parents un message dans la boîte aux lettres. En glissant sa note dans la boîte, elle trouva le courrier de la journée.

Elle examina les lettres pour savoir qui les avait envoyées. Il y avait une carte de grand-maman et grand-papa Knight, quelques-unes des voisins... et une qui lui était adressée. Elle l'ouvrit. C'était une carte de Noël qui portait la signature d'un des garçons du groupe de jeunes auquel elle s'était jointe:

Chère Abbie,

J'aimerais m'excuser de ne pas t'avoir parlé plus tôt, mais mes parents sont en instance de divorce et je n'ai guère eu le temps de parler à quiconque. Je me disais que tu pourrais peut-être m'aider à trouver des réponses aux questions que je me pose sur les jeunes qui vivent le divorce de leurs parents. Je pense que nous pourrions devenir amis et nous soutenir mutuellement. Au plaisir de te revoir à la réunion dimanche prochain!

Sincèrement,

Ton ami Wesley Hill

Abbie fixa la carte pendant un long moment, la relisant à plusieurs reprises. Elle se mit à sourire en lisant les mots «devenir amis»: quelqu'un se souciait d'elle, quelqu'un voulait devenir ami avec cette fille ordinaire et timide qu'était Abbie Knight. Abbie se sentit touchée.

Elle fit demi-tour, rentra dans la maison et téléphona aussitôt à Wesley. On peut probablement affirmer que cette carte était un miracle de Noël, car l'amitié est le plus beau cadeau qu'on puisse offrir.

Theresa Peterson

Écoute-moi je t'en prie

Quand je te demande de m'écouter
et que tu t'empresses de me donner des conseils,
tu ne fais pas ce que je t'ai demandé.
Quand je te demande de m'écouter
et que tu commences à m'expliquer
que je ne devrais pas éprouver ce que je ressens,
tu piétines mes sentiments.
Quand je te demande de m'écouter
et que tu sens l'obligation de faire quelque chose
pour résoudre mon problème,
tu me laisses tomber,
aussi étrange que cela puisse te sembler.
Écoute-moi! C'est tout ce que je demande, écoute-moi.
Ne fais rien, ne dis rien, contente-toi de m'écouter.
Les conseils abondent; pour presque rien
on peut trouver dans les journaux
tous les courriers du cœur qu'on désire.
Et je peux moi-même faire quelque chose;
je ne suis pas impuissant.
Découragé et chancelant peut-être,
mais pas impuissant.
Quand tu fais à ma place une chose
que je peux et dois faire par moi-même,
tu alimentes ma peur et mon inaptitude.

Mais quand tu acceptes tels qu'ils sont
mes sentiments et mes émotions,
qu'ils soient rationnels ou non,
alors je peux cesser d'essayer de te convaincre
et tenter plutôt de comprendre ce qui se cache
derrière ces sentiments irrationnels.
Puis, lorsque tout s'éclaircit dans ma tête,
les réponses pointent et je n'ai nul besoin de conseils.
Les sentiments irrationnels ont leur logique
quand on comprend d'où ils viennent.
C'est peut-être pour cela que les prières sont parfois
efficaces: Dieu est muet, Il ne donne pas de conseils
ni n'essaie d'arranger les choses.
Dieu se contente d'écouter et nous laisse le soin
de régler nos problèmes.
Alors écoute-moi et ne fais rien d'autre.
Et si tu veux parler, attends ton tour,
je prendrai alors la peine de t'écouter.

Auteur inconnu

Le droit de pleurer

Il faut beaucoup de compréhension, de temps et de confiance pour nouer des liens d'amitié étroits. Alors que j'arrive à une période de ma vie qui regorge d'incertitudes, mes amis sont mes plus précieux alliés.

Erynn Miller, 18 ans

Je l'ai revue hier soir pour la première fois depuis des années. Elle était dans un état lamentable. Ses cheveux étaient décolorés pour essayer de cacher leur vrai couleur, tout comme son allure rébarbative masquait sa profonde insatisfaction. Elle avait besoin de parler, alors nous sommes allées faire une promenade. Pendant que je songeais à mon avenir et aux formulaires de demande d'admission que je venais de recevoir de quelques collèges, elle pensait à son passé, à sa famille qu'elle venait de quitter. Elle s'est mise à parler. Elle m'a parlé de sa vie amoureuse — et j'ai compris qu'elle était engagée dans une relation de dépendance avec un homme dominateur. Elle m'a parlé de drogue — et j'ai compris qu'elle en prenait pour fuir la réalité. Elle m'a parlé de ses projets de vie — et j'ai compris qu'ils n'étaient que des rêves matériels irréalistes. Elle m'a parlé de son besoin d'avoir une amie — et j'ai compris qu'il y avait de l'espoir, car je pouvais au moins lui offrir mon amitié.

Nous nous étions rencontrées à l'école primaire. Il lui manquait une dent, et moi mes amis me manquaient. Après avoir traversé tout le continent en raison d'un déménagement, je m'étais retrouvée devant l'entrée de ma nouvelle école, parmi des balançoires de métal froid et une foule de visages narquois et tout aussi froids. Je lui avais alors demandé si je pouvais jeter un coup d'œil sur son album de bandes dessinées, même si je n'étais pas très friande de ce genre de livre. Elle avait accepté, même si elle n'était pas très portée à partager. Peut-être étions-nous toutes les deux à la recherche d'un sourire. Et nous l'avions trouvé. Nous avions trouvé quelqu'un avec qui rigoler jusqu'à tard dans la nuit, quelqu'un avec qui déguster un bon chocolat chaud lors des froides journées d'hiver où on fermait les écoles et où nous restions assises devant la fenêtre du salon, regardant la neige tomber sans fin.

Un jour d'été de la même année, alors que nous étions sur le bord d'une piscine, une abeille m'avait piquée. Mon amie m'avait tenu la main et consolée en me disant qu'elle était là et que j'avais le droit de pleurer — ce que j'avais fait d'ailleurs. Je me rappelle aussi qu'à l'automne, nous formions des tas de feuilles et à tour de rôle, nous sautions sur le tas sans crainte, sachant que ce lit multicolore amortirait notre chute.

Hier, j'ai vu qu'elle était tombée et que personne n'était là pour amortir sa chute. Cela faisait plusieurs mois que nous nous étions parlé et plusieurs années que nous nous étions vues. J'avais déménagé en Californie; elle, de son côté, était partie de la maison. Nos vies ont pris des chemins différents, creusant entre nos cœurs un fossé encore plus grand que le continent qu'elle venait à son tour de traverser. Ses paroles hier m'ont rebutée, mais ses yeux m'ont crié au secours. Elle avait besoin qu'on l'aide à trouver la force de repartir à zéro. Plus que jamais, elle avait besoin de mon amitié. Je lui ai donc pris la main en lui disant que j'étais là, qu'elle avait le droit de pleurer. Et elle a pleuré.

Daphna Renan

Retourne toujours tes appels

All you need is love.

John Lennon

(***Note de l'éditeur:*** *cette histoire a été envoyée par une jeune lectrice qui souhaitait garder l'anonymat.*)

Angela savait que Charlotte, sa meilleure amie, traversait une période difficile. D'humeur maussade et déprimée, Charlotte avait fait le vide autour d'elle, à l'exception d'Angela. Elle provoquait des disputes avec sa mère et avait de violentes prises de bec avec sa sœur. Mais par-dessus tout, Charlotte écrivait des poèmes dont le désespoir et la tristesse inquiétaient Angela.

Cet été-là, bref, Charlotte n'était en bons termes avec personne. Pour la plupart de ses amis, Charlotte était devenue un cas trop difficile. Nul n'était intéressé à côtoyer une personne aussi triste et en proie à une si grande douleur. Ceux qui se risquaient à se montrer amicaux envers Charlotte se butaient à des accusations amères ou à une indifférence morose.

Angela restait la seule à pouvoir entrer en contact avec Charlotte. Malgré son envie de sortir dehors, elle passait le plus clair de son temps à la maison avec son amie en détresse. Puis arriva le jour où Angela dut déménager. Elle allait seulement changer de quartier, mais elle n'habiterait plus la maison voisine de Charlotte et aurait donc beaucoup moins de temps à lui consacrer.

Le premier jour qu'elle passa dans son nouveau quartier à jouer dehors avec ses nouveaux voisins, Angela se demanda sans cesse comment allait Charlotte. Quand elle rentra à la maison, peu avant la tombée du jour, sa mère lui dit que Charlotte avait téléphoné.

Angela se précipita sur le téléphone pour rappeler son amie. Aucune réponse. Elle laissa donc un message sur le répondeur de Charlotte: «Salut, c'est Angela. Rappelle-moi s'il te plaît.»

Environ une demi-heure plus tard, Charlotte rappela. «Angela, j'ai quelque chose à te dire. Quand tu as téléphoné tout à l'heure, j'étais dans le sous-sol, un revolver sur la tempe, et je m'apprêtais à appuyer sur la gâchette lorsque je t'ai entendue dicter ton message sur le répondeur de la cuisine.»

Angela s'effondra sur une chaise.

«Quand j'ai entendu ta voix, je me suis aperçue que quelqu'un m'aimait et que j'avais la chance de t'avoir comme amie. Je vais demander de l'aide parce que moi aussi je t'aime.»

Charlotte raccrocha. Angela se rendit tout droit chez Charlotte. Elles s'assirent sur la balançoire de la véranda et pleurèrent.

Anonyme

Si tu juges les autres, tu n'as guère le temps de les aimer.

Mère Teresa

Ma nouvelle amie

Aujourd'hui, je me suis fait une nouvelle amie
Qui déjà, on aurait dit, me connaissait.
C'est fou comme dès les premiers mots, elle a compris
Toutes les choses que je lui racontais.

Elle m'a écoutée parler de mes problèmes,
Elle m'a écoutée parler de mes projets,
Nous avons discuté de la vie et de l'amour;
Nous vivions les mêmes choses, à ce qu'il semblait.

Jamais je n'ai senti qu'elle me jugeait.
On aurait cru qu'elle devinait mes sentiments.
Je pense qu'elle m'a acceptée telle que j'étais,
Avec tous mes problèmes du moment.

Elle ne m'a pas interrompue,
Pas plus qu'elle ne s'est imposée;
Elle s'est contentée d'écouter mon point de vue,
Sans chercher ensuite à s'éloigner.

J'ai voulu lui montrer à quel point
J'appréciais sa compagnie,
Mais lorsque j'ai voulu l'étreindre
Quelque chose d'étrange s'est produit.

Au moment où j'ai tendu les bras,
J'ai été étonnée de voir
Que celle devenue ma meilleure amie
Était mon reflet dans le miroir.

Racontée par Kimberly Kirberger

La belle époque des boîtes de carton

Jouis du moment présent. Aujourd'hui fait partie du bon vieux temps dont tu seras nostalgique un jour.

Anonyme

Les boîtes de carton ont joué un rôle important dans mon enfance. Ne va surtout pas croire que je n'aimais pas les jouets, mais rien ne pouvait remplacer une bonne boîte de carton avec quelques copains en prime — surtout mes deux meilleurs amis du quartier, Chris et Nick, deux frères qui habitaient à quelques maisons de chez moi.

L'été était toujours la saison idéale pour jouer avec une boîte de carton, car ses longues journées nonchalantes nous donnaient amplement le temps d'explorer la nature véritable d'une boîte et de la connaître sous tous ses angles. Cependant, avant de pouvoir explorer une boîte, il fallait d'abord en trouver une. Certains jours, nous montions tous les trois dans la boîte de la camionnette de mes parents, nous chamaillant quelque peu pour avoir le privilège de s'asseoir sur les grosses ailes de la carrosserie, puis nous nous mettions à chanter n'importe quelle chanson dont nous connaissions suffisamment de mots pour pouvoir l'entonner («Na na na na...»). Aucun d'entre nous n'aurait osé suggérer de s'asseoir dans la cabine avant de la camionnette: elle était réservée aux mauviettes.

Après d'interminables «Na na na...», ma mère arrivait enfin à un endroit où il y avait des boîtes. Nous apercevions alors les plus belles boîtes qui soient. Surtout des boîtes de réfrigérateurs, les meilleures. Aucune autre boîte ne pouvait nous amener dans des endroits plus merveilleux qu'une boîte de réfrigérateur, car ses possibilités de transformation sont tout simplement phénoménales. Un jour, un magasin d'appareils électroménagers en avait jeté une, butin inestimable pour nous, rebut inutile pour le magasin. Et nous étions arrivés juste à temps pour la sauver des infâmes mâchoires du camion à ordures.

Trépignant d'impatience, nous regardâmes maman glisser la boîte dans la camionnette. Pendant le voyage de retour, nous nous entassâmes dans la boîte, à l'abri du vent et protégés des insectes qui semblaient toujours se diriger droit sur nos amygdales en plein milieu d'un «Na na na na...».

Lorsque la camionnette s'engagea dans notre rue, nous ressentîmes une immense bouffée d'orgueil. Tous ceux qui s'affairaient dehors purent nous voir et, telle une traînée de poudre, la nouvelle se répandit que Nick, Chris et Eva avaient déniché une boîte de réfrigérateur. Voyez-vous, aucun trésor n'était plus convoité. Nous devenions des légendes. Cette boîte allait nous emmener en des endroits où aucun enfant n'était jamais allé.

Avec mille et une précautions, nous déchargeâmes notre boîte pour la transporter dans la cour arrière. Chris suggéra d'observer un moment de silence pour réfléchir, puis d'échanger nos idées sur ce que nous allions faire de ce superbe objet. Le silence dura à peine cinq secondes. Ensuite, une force mystérieuse nous poussa à chanter:

Na na na na
Notre boîte est sensass
Na na na
et nous le sommes aussi!

D'accord, la chanson fut brève, mais elle était magnifique. Et je suis persuadée qu'elle alla droit au cœur des quelques chanceux qui l'entendirent.

Arriva alors le moment de prendre une décision. «Utilisons la boîte pour nous rendre à Zo», proposai-je.

«Où?», me demandèrent Nick et Chris, perplexes.

«Y aller ou ne pas y aller, voilà la question», ajoutai-je.

Nick avoua n'y rien comprendre. Je lui expliquai que c'était très simple, que lui et Chris devaient tout simplement penser à l'envers. Chris se rangea du côté de Nick: mes paroles étaient insensées.

«Zo, c'est le mot Oz prononcé à l'envers, espèces de crétins! Nous allons donc nous rendre à Zo et faire tout ce que Dorothy fait chez le magicien d'Oz, mais à l'envers.» En leur disant cela, je criais à tue-tête, car je savais qu'ils étaient plus intelligents que ce qu'ils voulaient bien faire croire.

Chris me regarda, puis il regarda la boîte en réfléchissant à mon idée géniale. Je me demandai si Chris et Nick ne souffraient pas d'une quelconque arriération, car à la lumière de nos expériences passées, ils auraient dû savoir que les boîtes (surtout celle-ci) pouvaient nous emmener n'importe où. Nous avions là une boîte extraordinaire qui nous donnait le pouvoir d'être ou de faire tout ce que nous voulions, y compris vivre à l'envers.

«Tu sais, Eva a raison», dit Chris à Nick. «Nous n'avons jamais rien fait à l'envers, alors essayons; ce sera une première. Mais j'aimerais que nous puissions aller *n'importe où* à l'envers, pas seulement à Zo.»

En cet instant précis, nous eûmes la nette impression que nous allions passer à l'histoire. Le monde entier parlerait de ces «trois enfants qui voyagent à l'envers dans une boîte». D'autres enfants essaieraient sûrement de nous imiter, mais ils ne pourraient certainement pas nous égaler puisque leur imagination ne valait pas la nôtre.

Nous déclarâmes donc solennellement que notre boîte était désormais une machine à voyager dans le temps. La main sur une petite tablette de chocolat aux arachides, nous fîmes le serment de rester fidèles à notre idée de vivre à l'envers (du moins jusqu'à la prochaine boîte). Et comme nous le savions tous, quiconque brisait un serment prêté la main sur une tablette de chocolat n'était qu'un être immoral.

Après avoir reculé de plusieurs années dans le temps, nous fûmes aux prises avec un dilemme. Nous nous étions rendus chez un chanteur du nom d'Elvis qui nous demanda comment nous avions réussi à nous rendre à Graceland. Nous lui parlâmes donc de notre machine à voyager dans le temps, de notre idée de vivre à l'envers, du serment que nous avions fait et de notre place assurée dans l'histoire de l'humanité. Visiblement impressionné, Elvis déclara que nous étions très ingénieux mais que...

«Mais quoi?»

Il nous expliqua qu'il se demandait comment nous nous y prendrions pour rentrer chez nous si tout ce que nous faisions devait se faire à l'envers.

De toute notre vie, jamais nous n'avions eu à affronter une telle difficulté. Jamais, non plus, nous n'avions brisé un serment fait au nom d'une tablette de chocolat aux arachides. Nous étions véritablement dans le pétrin, mais il était hors de question de baisser les bras. La vie a ses hauts et ses bas — et nous étions devant un dilemme qui nous prendrait toute la nuit à résoudre. Heureusement, nos parents ne nous permettraient pas de rester dehors toute la nuit à jouer à nos jeux imaginaires.

Comme de fait, j'entendis bientôt ma mère m'appeler depuis la véranda, nous extirpant du même coup de notre monde fantaisiste pour nous ramener brusquement à la réalité. Il était temps de rentrer chez nous. Nous nous empressâmes de nous donner rendez-vous pour huit heures le lendemain matin, moment où nous discuterions des solutions qui nous sortiraient de ce mauvais pas. Je rentrai à la maison pendant que Nick et Chris coururent vers la leur. Le temps était compté. Seule la nuit nous séparait du lendemain matin où nous plongerions de nouveau dans la réalité de notre monde imaginaire.

À 7 h 33 précises le lendemain, la sonnerie du téléphone brisa le silence et me réveilla; j'avais mal à la tête d'avoir trop réfléchi. Lorsque je décrochai le combiné, Nick me demanda si j'avais recouvert notre boîte d'un plastique en cas de pluie, comme nous l'avions convenu la veille. Je jetai un coup d'œil par la fenêtre et constatai qu'il avait effectivement plu, et beaucoup. La mort dans l'âme, j'annonçai à Nick que je ne l'avais pas fait; comme c'était notre responsabilité à tous, cependant, la faute ne retomba pas exclusivement sur moi.

Nick et Chris vinrent me retrouver, et le silence prit la place de nos taquineries habituelles. Notre boîte avait duré un seul jour. La réalité, c'est que notre boîte était foutue.

Nous n'allions sûrement pas laisser la boîte détrempée pourrir dans la cour. Elle nous avait rendus suffisamment heureux pour mériter d'être traitée avec respect. Nous la traînâmes donc jusqu'au bord de la rue, à l'endroit où on ramassait les ordures. La veille, nous avions sauvé cette boîte du camion qui lui aurait fait connaître une fin prématurée; maintenant, il était temps de lui faire nos adieux. Cette mort était une mort naturelle, mais elle aurait pu être évitée. Nous porterions le fardeau de ce regret jusqu'à la fin de notre enfance.

Nous nous assoyâmes aux côtés de la dépouille de notre boîte afin d'être présents quand le camion à ordures arriverait. Nous allâmes même jusqu'à composer un requiem en «Na na na na...», que nous chantâmes de toutes nos forces lorsque le camion chargea notre boîte. Personne n'aurait pu chanter avec autant de sincérité et d'émotion. Nous fîmes donc le deuil de notre boîte, mais nous savions que nous devions aller de l'avant: nous devions dénicher une autre boîte et reconstruire un autre monde imaginaire.

Nos jeux de boîte de carton me manquent. Toutefois, de la même façon que nous devions aller de l'avant après la perte d'une boîte, il me fallut un jour aller de l'avant et grandir. Mes rêveries d'enfant, cependant, feront toujours partie de moi. Je croirai toujours au pouvoir merveilleux des boîtes de carton.

Eva Burke

3

La famille

Tu n'échappes jamais complètement
aux tentacules de ta famille.
Et, secrètement,
tu espères qu'il en soit toujours ainsi.

Dodie Smith

Elle ne m'a pas abandonnée

Ma mère n'a jamais renoncé. Elle est mon idole.

Kimberley Anne Brand

Couchée sur le plancher, furieuse, je donnais des coups de pied et criais à en avoir mal à la gorge, simplement parce que la mère de ma famille d'accueil m'avait demandé de ranger mes jouets.

«Je te déteste», hurlai-je. J'avais six ans et je ne comprenais pas pourquoi une telle rage m'habitait.

Je vivais en famille d'accueil depuis l'âge de deux ans, car ma mère biologique avait été incapable de subvenir aux besoins de mes cinq sœurs et moi. Comme nous n'avions ni père ni parenté pour nous prendre en charge, nous avions été confiées à différentes familles. Seule et confuse, je ne savais pas comment dire aux autres à quel point j'avais mal. Mes explosions de colère étaient l'unique moyen que je connaissais pour exprimer ma souffrance.

Mes troubles de comportement forcèrent ma famille d'accueil à me renvoyer aux services sociaux comme l'avait fait ma famille d'accueil précédente. J'étais convaincue d'être la petite fille la plus détestable au monde.

À l'âge de sept ans, alors que je vivais dans ma troisième famille d'accueil, je fis la connaissance de Kate McCann. Kate était venue pour me rencontrer. Lorsque ma famille d'accueil m'annonça que Kate était célibataire et désirait adopter un enfant, je ne croyais pas qu'elle me choisirait. En fait, je me figurais que personne ne voudrait vivre avec moi pour toujours.

Ce jour-là, Kate m'emmena visiter une ferme où on cultivait des citrouilles. Nous eûmes beaucoup de plaisir, mais j'étais certaine de ne plus la revoir par la suite.

Pourtant, quelques jours plus tard, une travailleuse sociale vint à la maison. Elle me répéta que Kate voulait m'adopter et me demanda si j'accepterais de vivre avec un seul parent au lieu de deux.

«Tout ce que je veux, c'est que quelqu'un m'aime», répondis-je.

Kate revint me voir le lendemain. Elle m'expliqua qu'il faudrait toute une année pour remplir les formalités d'adoption, mais que je pourrais d'ici peu déménager chez elle. J'avais hâte, mais j'avais également peur. Après tout, elle et moi étions de parfaites inconnues l'une pour l'autre, et je craignais qu'elle change d'avis une fois qu'elle me connaîtrait mieux.

Kate devina ma peur. «Je sais que tu as beaucoup souffert», me dit-elle en me prenant dans ses bras. «Je sais que tu as peur. Mais je te promets de ne jamais te renvoyer. Désormais, nous formons une famille.» À mon grand étonnement, je vis des larmes dans ses yeux. Et je compris qu'elle se sentait aussi seule que moi!

«D'accord... maman», lui dis-je.

La semaine suivante, je rencontrai ma nouvelle famille: grands-parents, tantes, oncles et cousins. Je me sentis bizarre d'être avec ces étrangers qui me serraient dans leurs bras comme s'ils m'aimaient déjà, mais c'était si agréable.

Quand j'emménageai avec ma mère, j'eus pour la première fois une chambre à moi, dont les murs étaient recouverts de papier peint et le lit, d'un édredon assorti. Il y avait aussi une grande commode et un vaste placard; or, les quelques vêtements que j'avais apportés tenaient dans un sac de papier brun. «Ne t'en fais pas», me rassura maman. «Je t'achèterai de beaux vêtements neufs.»

Ce soir-là, je m'endormis en me sentant en sécurité et je priai pour ne jamais partir.

Maman ne ménagea aucun effort pour me rendre heureuse. Elle m'emmena à l'église, me permit d'avoir des animaux domestiques, me donna des cours d'équitation et de piano. Chaque jour, elle me disait qu'elle m'aimait. Malheureusement, son amour ne parvenait pas à cicatriser mes blessures intérieures; j'appréhendais à tout moment qu'elle change d'idée et me renvoie. «Si je suis assez méchante, elle m'abandonnera comme les autres», pensais-je.

Je décidai donc de lui faire du mal avant qu'elle puisse m'en faire. Je me mis à rouspéter pour toutes sortes de broutilles, à exploser de colère à la moindre contradiction. Si elle essayait de me calmer, je la frappais. Toutefois, elle ne perdait jamais patience; elle me prenait dans ses bras en me répétant qu'elle m'aimait malgré tout. Lorsque j'enrageais, elle me faisait sauter sur un trampoline.

Lorsque j'avais emménagé chez elle, j'éprouvais de sérieuses difficultés à l'école; maman était donc très stricte quant aux travaux scolaires. Un jour que je regardais la télévision, elle entra dans le salon et ferma le téléviseur. «Tu pourras regarder la télévision quand tu auras terminé tes devoirs», m'annonça-t-elle. J'explosai. Empoignant mes livres d'école, je les lançai au bout de mes bras. «Je te déteste, je ne veux plus vivre ici!», lui criai-je.

J'attendis ensuite qu'elle m'invite à faire ma valise. Voyant qu'elle ne disait mot, je lui demandai: «Pourquoi ne me renvoies-tu pas?».

«Je n'aime pas la façon dont tu te conduis», répondit-elle. «Mais jamais je ne te renverrai. Nous formons une famille et dans une famille, on ne renonce jamais à l'autre.» À ce moment-là, je pris conscience que cette mère-là était différente des précédentes, qu'elle ne se débarrasserait pas de moi. Elle m'aimait vraiment. Et je me rendais compte que c'était réciproque. Je pleurai et me réfugiai dans ses bras.

En 1985, l'adoption fut officialisée et toute notre famille célébra l'événement dans un restaurant. J'étais heureuse d'appartenir à une famille. Pourtant, la peur me tenaillait toujours. Était-ce possible qu'une maman m'aime pour toujours? Mes colères n'avaient pas complètement cessé, mais elles s'espacèrent avec le temps.

J'ai maintenant 16 ans. J'ai un excellent dossier scolaire, un cheval prénommé Dagger's Point, quatre chats, un chien, six colombes et une grenouille-taureau qui vit dans l'étang près de chez nous. J'ai aussi un rêve: devenir vétérinaire.

Ma mère et moi aimons faire des choses ensemble, comme aller dans les magasins ou faire des promenades à cheval. Nous sourions quand les gens disent que nous nous ressemblons. Ils n'en croient pas leurs oreilles lorsqu'ils apprennent qu'elle est ma mère adoptive.

Aujourd'hui, je suis heureuse comme jamais je ne l'aurais cru possible. Un jour, je me marierai et j'aurai des enfants. Si je ne peux pas en avoir, j'en adopterai un comme l'a fait maman. Je choisirai un enfant solitaire et craintif, et jamais je ne le laisserai tomber. Je suis si heureuse que maman ne m'ait jamais abandonnée.

Sharon Whitley
extrait du magazine Woman's World

Reproduit avec l'autorisation de Randy Glasbergen.

La bible

Bill, un jeune homme de bonne famille, était à la veille de recevoir son diplôme. Dans le quartier huppé où il vivait, les parents avaient coutume d'offrir une voiture à leur enfant pour cette occasion. Aussi, Bill et son père avaient-ils consacré plusieurs mois à examiner différents modèles de voiture; une semaine avant la remise des diplômes, ils trouvèrent l'automobile parfaite. Bill était persuadé que cette voiture serait sienne le moment venu.

Imaginez la déception de Bill quand, à la veille de la cérémonie, son père lui offrit une bible en cadeau! Débordant de rage, il lança la bible au bout de ses bras et sortit en trombe de la maison. Bill ne revit jamais son père. En fait, c'est la nouvelle du décès de son père qui le ramena à la maison.

Un soir qu'il rangeait les choses que son père lui léguait, il trouva la bible. Il essuya la poussière qui la recouvrait, l'ouvrit et trouva un chèque qui était daté du jour de la remise des diplômes et dont le montant correspondait au prix de la voiture que son père et lui avaient choisie.

Auteur inconnu

Une mère tout terrain

Ma mère en a eu plein les bras avec moi, mais je pense qu'elle y trouvait du plaisir.

Mark Twain

Adolescente, j'étais insupportable. Je n'étais pas du genre gâtée-pourrie, je-sais-tout, ne-me-demande-pas de-ranger-ma-chambre et je-fais-ce-que-je-veux-parce-que-j'ai-15-ans. Non. Pire encore: j'étais une manipulatrice, une menteuse, un monstre de sarcasme qui avait rapidement compris qu'en se conduisant d'une certaine façon, elle mènerait une vie de princesse. Les scénaristes des meilleurs feuilletons d'aujourd'hui n'auraient pu imaginer plus ignoble «vilaine». Quelques remarques acerbes par-ci, un ou deux mensonges par-là, un regard assassin pour couronner le tout, et ma vie allait être grandiose. C'est du moins ce que je croyais.

Dans l'ensemble, et vue de l'extérieur, j'étais une bonne fille, un garçon manqué à l'humeur rieuse et au nez retroussé qui aimait le sport et qui ne reculait jamais devant la compétition (une façon aimable de dire que j'étais exigeante et arrogante). C'est probablement pour cela que la plupart des gens supportaient ce que j'appelle maintenant mon «comportement de bulldozer», c'est-à-dire ma façon de me conduire sans me soucier de ceux pour qui j'avais de l'estime. Du moins pour un temps.

En raison de la perspicacité crasse avec laquelle je parvenais à faire ce que je voulais de certaines personnes, je ne comprends toujours pas qu'il m'ait fallu tant de temps pour m'apercevoir que j'en blessais beaucoup d'autres. Non seulement mon attitude dominatrice envers mes amies les plus proches contribua-t-elle à faire le vide autour de moi, mais je parvins également à saboter, deux fois plutôt qu'une, la relation la plus précieuse de ma vie: celle avec ma mère.

Encore aujourd'hui, presque 10 ans après ma seconde naissance, je suis ébahie chaque fois que je pense à mon comportement passé: toutes ces remarques blessantes qui piquaient au vif et écorchaient les gens que j'aimais le plus, tous ces gestes de confusion et de colère qui semblaient dicter ma conduite, bref, toutes ces frasques qui me permettaient de maintenir mon joug.

Ma mère, qui m'avait donné naissance à l'âge de 38 ans malgré l'avis contraire des médecins, me disait souvent en pleurant: «Je t'ai désirée si longtemps, je t'en prie, ne me repousse pas. Je veux t'aider!»

Je répondais avec mon air le plus dur: «Je n'ai pas demandé à naître! Je ne t'ai jamais demandé de t'occuper de moi. Va-t'en et oublie jusqu'à mon existence!».

Ma mère en vint à croire que j'étais vraiment sérieuse, ce que mon comportement d'ailleurs laissait croire.

J'étais cruelle et manipulatrice, prête à tout pour parvenir à mes fins. Comme beaucoup d'autres jeunes filles de mon âge, je choisissais toujours de fréquenter des garçons dont je savais la réputation douteuse. Je sortais de la maison à toute heure de la nuit simplement pour démontrer que je n'en ferais qu'à ma guise. Je racontais des mensonges énormes qui risquaient à tout instant de m'éclater au visage. J'essayais par tous les moyens d'attirer l'attention sur moi, en même temps que je cherchais à rester invisible.

Malheureusement, je ne peux mettre sur le compte de la drogue ou de quelque substance hallucinogène toutes les paroles horribles et méprisantes que j'ai proférées durant cette période de ma vie. La haine était ma seule dépendance, la souffrance des autres, mon seul plaisir.

Toujours est-il qu'au bout d'un certain temps, je dus me poser des questions. Pourquoi ce désir de blesser les autres, particulièrement ceux que j'aimais le plus? Pourquoi ce besoin de toujours mentir? Pourquoi ces attaques à l'endroit de ma mère? Ces questions se mirent à me hanter au point de me rendre folle. Un soir, je voulus mourir.

Le lendemain, couchée dans un lit de la «colonie de vacances» (c'est ainsi que j'appelais l'hôpital), après avoir vainement et plutôt lâchement essayé de m'enlever la vie en sautant d'une voiture roulant à 120 km/h, je me rendis compte qu'il y avait une chose plus importante que mes chaussures Keds sans lacets: je ne voulais pas mourir.

Je pris conscience également que je ne voulais plus blesser les autres dans l'espoir de cacher ce que je me refusais de voir: je ne m'aimais pas. Et cette haine envers moi-même, je l'avais reportée sur les autres.

Pour la première fois depuis des années, je vis le visage souffrant de ma mère, ses yeux bruns affectueux mais fatigués qui exprimaient sa reconnaissance pour la nouvelle chance qui était offerte à sa fille, cette enfant qu'elle avait désirée si longtemps.

Ce fut mon premier contact avec l'amour inconditionnel. Quelle émotion puissante!

Malgré tous les mensonges dont je l'avais abreuvée, elle m'aimait toujours. Un après-midi, je pleurai sur son épaule pendant des heures en lui demandant pourquoi elle continuait de m'aimer en dépit des choses horribles que je lui avais faites. Elle me regarda, chassa quelques mèches de mon visage et me dit sans détour: «Je ne sais pas.»

Elle esquissa un léger sourire à travers ses larmes, et les rides de son visage éprouvé me révélèrent tout ce que j'avais besoin de savoir. J'étais sa fille, mais plus important encore, elle était ma mère. Les enfants insupportables n'ont pas tous cette chance. Et les mères qui ont été poussées dans leurs derniers retranchements, encore et encore, ne gardent pas toutes leur amour intact.

L'amour inconditionnel est le plus beau cadeau qu'on puisse donner. Et le pardon des fautes passées est le plus beau qu'on puisse recevoir. Je ne sais pas si on peut connaître un amour aussi pur plus d'une fois dans sa vie.

J'ai été chanceuse. Je le sais. Ce cadeau que m'a offert ma mère, je souhaite le donner à tous les ados «insupportables et confus» de ce monde.

Vous avez le droit de souffrir, d'avoir besoin d'aide, d'aimer; seulement, faites-le sans vous cacher. Laissez tomber les masques et les barrières; résistez à la tentation de tout étouffer en vous et respirez la vie à pleins poumons.

Sarah J. Vogt

Jour de naissance

Assise dans un fauteuil près de la fenêtre qui laissait passer le chaud soleil de juin, j'en oubliais presque où je me trouvais. On avait peine à croire que ces jolies armoires de chêne camouflaient tout un appareillage médical et qu'en un tour de main, on pouvait enlever les tuiles du plafond pour laisser place à l'éclairage chirurgical. À part quelques instruments et la ligne intraveineuse qui se trouvaient près du lit, la pièce ne ressemblait guère à une chambre d'hôpital. En regardant le papier peint et le mobilier soigneusement choisi, je me rappelai le jour pas si lointain où toute cette aventure avait commencé.

C'était un jour frisquet d'octobre. À l'école, notre équipe de hockey venait de remporter une victoire de 2-1 sur celle de Saratoga. Je m'étais affalée, épuisée quoique enthousiaste, sur le siège du passager. En démarrant la voiture, ma mère mentionna qu'elle était allée voir le médecin. «Pourquoi?», demandai-je, sentant la nervosité me gagner pendant que je passais en revue les différentes maladies susceptibles de frapper ma mère.

«Eh bien...» Son hésitation décupla mon anxiété. «Je suis enceinte.»

«Tu es quoi?», m'exclamai-je.

«Enceinte», répéta-t-elle.

J'étais sans voix. Incapable de réagir, je me disais que ces choses ne sont pas censées arriver à des parents dont la fille vient d'avoir 16 ans. Puis, l'idée me frappa que j'allais devoir partager ma mère avec quelqu'un d'autre, elle que j'avais eue pour moi toute seule pendant 16 ans. L'esprit troublé et le cœur amer, je songeai à ce minuscule être niché dans le ventre de maman. Jamais je n'avais désiré de frère ou de sœur après le remariage de ma mère. Je sais que c'était égoïste, mais lorsqu'il était question de ma mère, je répugnais à partager n'eut été qu'une parcelle d'elle.

Lorsque je vis la joie mêlée de surprise qui apparut dans les yeux de mon beau-père quand ma mère lui annonça l'arrivée imminente de son premier enfant, je ne pus m'empêcher de partager son allégresse. Il me tardait de l'annoncer à tous mes amis. J'avais l'air contente moi aussi, mais intérieurement, j'essayais de ne pas céder à ma peur et à ma colère.

Mes parents me firent participer à tous les préparatifs, depuis la décoration de la chambre du bébé jusqu'au choix du prénom, en passant par les cours prénataux; ils décidèrent même que j'assisterais à l'accouchement. Toutefois, malgré l'enthousiasme et la joie qu'engendrait la venue de cet enfant, je trouvais encore difficile d'entendre mes parents et amis parler constamment du nouveau bébé. J'avais peur que son arrivée me relègue au second plan. Parfois, quand j'étais seule, ma joie se transformait en ressentiment à la pensée du bouleversement que cet enfant provoquerait.

Le 17 juin, assise dans la salle d'accouchement et sachant que l'enfant serait bientôt parmi nous, je sentis toute mon insécurité remonter à la surface. Que deviendrait ma vie? Me demanderait-on à tout moment de jouer à la gardienne d'enfant? Qu'allais-je devoir sacrifier? Mais, plus important encore, allais-je perdre ma mère? De toute façon, je n'avais presque plus de temps pour réfléchir et m'inquiéter, car le bébé était sur le point de naître.

Ce jour-là, dans la salle d'accouchement, je vécus l'expérience la plus extraordinaire de ma vie. La naissance est un véritable miracle.

Quand le médecin annonça que c'était une fille, j'éclatai en sanglots. J'avais une petite sœur!

Grâce à l'amour et à la compréhension de ma famille, toutes mes peurs ont aujourd'hui disparu. Je ne peux exprimer le sentiment que j'éprouve d'avoir cette minuscule personne qui, chaque matin, attend avec moi l'autobus qui m'emmène à l'école et qui, par la fenêtre dans les bras de maman, me fait au revoir de sa petite main. Rien n'est plus merveilleux que de rentrer à la maison et, le manteau encore sur le dos, de la voir tirer sur ma manche pour me demander de jouer avec elle.

Je me rends compte aujourd'hui qu'il y a chez nous amplement d'amour pour Emma et moi. Je me trompais lorsque je craignais que son arrivée m'enlève quelque chose; au contraire, sa présence a beaucoup enrichi ma vie. Jamais je n'aurais cru pouvoir aimer autant cette enfant, et je n'échangerais pour rien au monde le bonheur d'être sa grande sœur.

Melissa Esposito

Reproduit avec l'autorisation de Dave Carpenter.

Le coup de circuit

C'était le 18 juin. Comme d'habitude, j'assistais au match de baseball de mon petit frère. À l'époque, Cory avait 12 ans et jouait au baseball depuis deux ans. Lorsque je le vis en train de s'échauffer dans le cercle d'attente des frappeurs, je me rendis près de l'abri des joueurs pour lui donner quelques conseils. Une fois rendu, cependant, je ne pus que lui dire «Je t'aime».

En guise de réponse, il me demanda: «Me dis-tu cela pour que je frappe un circuit?»

En souriant, je lui répliquai: «Fais de ton mieux.»

Quand il s'approcha du marbre, on aurait dit qu'une aura l'enveloppait. Il paraissait si confiant, si certain de ce qu'il s'apprêtait à faire. Il eut besoin d'un seul élan et, vous l'avez deviné, il frappa son premier coup de circuit! Il fit le tour des sentiers avec une immense fierté, les yeux brillants et la tête haute. Mais ce qui me toucha le plus, c'est ce qu'il fit en revenant dans l'abri de joueurs. Il leva les yeux vers moi, me lança son plus éclatant sourire et me dit: «Je t'aime aussi, Ter.»

Je ne me rappelle plus si son équipe a remporté ou perdu ce match. En cette belle journée du mois de juin, cela n'avait aucune espèce d'importance.

Terri Vandermark

Mon grand frère

Décide d'abord ce que tu aimerais être, puis accomplis ce que tu dois accomplir.

Épictète

Je n'aurais jamais cru que ses bas malodorants et sa musique assommante me manqueraient à ce point. J'ai 14 ans, mon frère est parti de la maison pour poursuivre ses études et je m'ennuie terriblement de lui. Un lien exceptionnel nous unit lui et moi, mais il faut dire aussi que mon frère est quelqu'un d'exceptionnel. Bien sûr, il est intelligent et gentil, sans compter que mes copines le trouvent très beau et tout le reste. Mais ce qui me rend la plus fière d'être sa sœur, c'est sa manière d'être, la façon dont il traite ses amis et sa famille, son comportement attentionné et soucieux des autres. C'est le genre de personne que je rêve de devenir. Si vous le voulez bien, j'aimerais vous donner quelques exemples.

Il y a quelques années, mon frère a envoyé une demande d'admission à 14 universités. Toutes l'ont acceptée sauf une, l'université Brown, celle-là même où il désirait aller. Il a donc opté pour son deuxième choix et a vécu une première année un peu ennuyeuse quoique réussie. Lors de son retour à la maison pour les vacances d'été, il nous a confié qu'il avait un plan: il ferait tout en son pouvoir pour être admis à l'université Brown. Il nous a demandé s'il pouvait compter sur notre appui.

Son plan consistait à déménager dans le Rhode Island, près de l'université Brown, de trouver un emploi, puis de faire l'impossible pour se faire connaître dans la région. Il travaillerait sans relâche, nous a-t-il expliqué, et il excellerait en tout. De cette façon, il était persuadé que quelqu'un finirait par le remarquer. Ce plan n'était pas une mince affaire pour mes parents, car il supposait que mon frère interromprait ses études pendant un an, ce qui les terrifiait. Ils lui ont néanmoins fait confiance et l'ont encouragé à faire tout ce qu'il croyait nécessaire pour réaliser son rêve.

Rapidement, il s'est déniché un emploi (devinez où) à l'université Brown. Son travail consistait à monter des pièces de théâtre. Il avait enfin l'occasion d'étaler tout son talent, et c'est ce qu'il a fait. Aucune tâche ne le rebutait. Il s'est donné corps et âme dans son travail. Il a rencontré des professeurs et des administrateurs, a parlé à qui voulait l'entendre de son rêve et n'a jamais hésité à dire qu'il était résolu à le réaliser.

Et, comme il se doit, à la fin de l'année, il a de nouveau soumis sa candidature. On l'a accepté.

Nous avons tous été très heureux pour lui, moi la première. Il m'a appris une chose importante, une chose qu'on ne peut pas transmettre en mots, une chose qu'il me fallait voir de mes propres yeux: si je travaille dur pour atteindre mes objectifs, si je persévère contre vents et marées, mes rêves se réaliseront. C'est un enseignement que je conserve précieusement dans mon cœur. Grâce à mon frère, je fais confiance à la vie.

Récemment, je suis allée lui rendre visite au Rhode Island, toute seule, c'est-à-dire sans parents, et j'ai passé une semaine formidable. La veille de mon départ, nous avons discuté de toutes sortes de choses — des relations amoureuses, de l'influence que les autres jeunes exercent sur nous, de l'école. À un certain moment, mon frère m'a regardée droit dans les yeux et m'a dit qu'il m'aimait. Il m'a rappelé de ne jamais faire quoi que ce soit contre mon gré et de ne jamais oublier d'écouter mon cœur.

Tout au long du voyage de retour, j'ai pleuré, sachant que mon frère et moi serions toujours très unis et consciente de la chance que j'avais de l'avoir. Quelque chose a changé durant mon séjour: j'ai senti que je n'étais plus une petite fille. Depuis ce voyage, une partie de moi-même a grandi et pour la première fois, j'ai pensé à l'importante mission qui m'attendait à la maison. Voyez-vous, j'ai une petite sœur de 10 ans et tout indique que j'ai du pain sur la planche. Heureusement, dans ce domaine, j'ai eu la chance d'avoir un excellent professeur.

Lisa Gumenick

Une voix fraternelle

La plupart des gens ont dans leur vie quelque chose qui les inspire. Cela peut être une conversation qu'ils ont eue avec une personne qu'ils respectent, ou une expérience qu'ils ont vécue. Quelle que soit cette chose qui nous inspire, elle nous incite habituellement à voir la vie d'un œil différent. Pour ma part, c'est ma sœur Vicki qui a été ma source d'inspiration. Vicki était une fille gentille et attentionnée. Elle ne se souciait guère d'être populaire ou de faire parler d'elle dans les journaux. Tout ce qu'elle voulait, c'était d'exprimer son affection aux gens à qui elle tenait, c'est-à-dire sa famille et ses amis.

L'été qui a précédé mon entrée à l'université, mon père me téléphona pour m'informer que Vicki venait d'être transportée d'urgence à l'hôpital. Elle s'était effondrée et tout le côté droit de son corps était paralysé. Les médecins croyaient qu'elle avait eu un accident vasculaire cérébral, mais les résultats des tests indiquèrent que son état était beaucoup plus grave: sa paralysie était causée par une tumeur maligne au cerveau. Les médecins ne lui donnaient pas plus de trois mois à vivre. Je me rappelle m'être demandé comment cela était possible. La veille, Vicki rayonnait de santé; aujourd'hui, sa vie touchait à sa fin alors qu'elle était encore si jeune.

Après avoir surmonté le choc initial et le sentiment de vide, je décidai que Vicki avait surtout besoin d'espoir et d'encouragement. Elle avait besoin de croire qu'elle vaincrait l'adversité. Je devins donc l'entraîneur de Vicki. Chaque jour, nous visualisions la tumeur en train de diminuer et nous n'avions que des conversations positives. J'avais même suspendu à la porte de sa chambre d'hôpital une affiche qui disait: «Si vous avez des pensées négatives, laissez-les à la porte». J'étais résolu à aider Vicki à vaincre sa tumeur. Vicki et moi conclûmes un accord que nous appelions «moitié-moitié»: je prendrais sur mes épaules 50 % de son combat, et Vicki se chargerait de l'autre 50 %.

Le mois d'août arriva, cependant, et je devais partir faire ma première année d'université à plus de 4 000 kilomètres de chez nous. J'hésitais entre partir et rester avec Vicki. Finalement, je commis l'erreur de dire à Vicki que je ne partirais peut-être pas pour l'université. Elle se mit en colère en me répétant de ne pas m'inquiéter, qu'elle finirait par se rétablir. Malade et alitée, elle essayait de me convaincre de ne pas m'en faire! Je compris toutefois que mon refus de partir revenait à lui dire qu'elle allait mourir, alors que je voulais justement qu'elle croit le contraire. Vicki avait besoin de croire qu'elle viendrait à bout de sa tumeur.

Ce soir-là, je quittai le chevet de ma sœur en sachant que c'était peut-être la dernière fois que je la voyais. Je vécus le moment le plus pénible de ma vie. À l'université, je ne cessai pas un seul instant de prendre sur mes épaules les 50 % de son combat. Chaque soir, avant de m'endormir, je parlais à Vicki, espérant qu'elle m'entende d'une quelconque façon. Je disais: «Vicki, je me bats avec toi et je ne te laisserai jamais tomber. Continue de te battre et nous vaincrons.»

Quelques mois passèrent et Vicki tenait bon. Un jour, je rencontrai une vieille amie de la famille qui s'enquérit de l'état de Vicki. Je lui racontai que son état empirait, mais que Vicki refusait de lâcher prise. Cette amie me posa alors une question qui me fit réfléchir. Elle me dit: «Penses-tu que Vicki s'accroche tout simplement parce qu'elle ne veut pas te laisser tomber?»

Peut-être avait-elle raison? Peut-être était-ce par pur égoïsme que j'encourageais Vicki à lutter. Ce soir-là, avant de m'endormir, je dis à ma sœur, en pensée: «Vicki, je sais que tu souffres beaucoup et que tu aimerais peut-être lâcher prise. Si c'est ce que tu désires, fais-le. Nous n'avons pas perdu parce que tu as cessé de te battre. Si tu veux aller dans un endroit meilleur pour toi, je comprends. Nous nous reverrons un jour. Je t'aime et je serai toujours avec toi, où que tu sois.»

Tôt le lendemain matin, ma mère me téléphona pour m'annoncer le décès de Vicki.

James Malinchak

Mon père, ce grand homme

Un grand homme est mort aujourd'hui. Il n'était pas un leader de ce monde, ni un médecin célèbre, ni un héros de guerre, ni un athlète de renom. Il n'était pas non plus un audacieux capitaine d'industrie et jamais vous ne verrez son nom dans les pages financières des journaux. Il était néanmoins un des plus grands hommes à avoir jamais vécu. Il était mon père.

Je pense qu'on pourrait affirmer qu'il n'était aucunement intéressé aux honneurs. Il ne fit que des choses banales comme régler sans retard ses factures, aller à l'église le dimanche et militer dans les comités d'école. Il aidait ses enfants à faire leurs devoirs et conduisait sa femme à l'épicerie tous les jeudis soirs. Il prenait plaisir à faire le taxi pour ses ados et leurs amis qui assistaient aux matchs de football.

Ce soir, pour la première fois, il n'est plus là. Je ne sais que faire et j'éprouve du regret pour toutes les fois où je ne l'ai pas traité avec le respect qu'il méritait. Mais je lui suis reconnaissant pour un tas d'autres choses.

Par-dessus tout, je suis reconnaissant à Dieu de m'avoir laissé mon père pendant 15 ans. Je suis heureux aussi d'avoir eu l'occasion de lui dire à quel point je l'aimais. Cet homme merveilleux s'est éteint le sourire aux lèvres et le cœur content. Il savait qu'il avait été à la hauteur comme époux et comme père, comme frère, fils et ami. Je me demande combien de millionnaires peuvent en dire autant.

Auteur inconnu

Quelques leçons de baseball

Dans la vie, il y a toujours deux choix qui s'offrent à toi, deux chemins possibles. Un de ces chemins est la facilité, et la facilité est d'ailleurs sa seule et unique récompense.

Source inconnue

Lorsque j'avais 11 ans, j'étais un maniaque de baseball. J'écoutais les matchs à la radio. Je les regardais à la télévision. Je ne lisais que des livres sur le baseball. J'apportais mes cartes de baseball à l'église le dimanche dans l'espoir de faire des échanges avec d'autres mordus du baseball. Et mes rêves, évidemment, tournaient tous autour du baseball.

Je jouais au baseball chaque fois que je pouvais. J'y jouais n'importe où, dans les petites ligues comme sur des terrains vagues. Je jouais avec mon frère, avec mon père, avec mes amis. Si je ne trouvais personne pour jouer avec moi, je faisais rebondir une balle de caoutchouc sur le mur de la maison, rêvant aux merveilles que mon équipe et moi accomplissions.

C'est dans cet état d'esprit que j'amorçai la saison 1956. Je jouais à la position d'arrêt-court. Je n'étais ni mauvais ni excellent, mais j'avais la piqûre du baseball.

Gordon, lui, n'était pas un mordu. Il n'était pas très bon non plus. Cette année-là, il venait de déménager dans notre quartier et s'était inscrit dans la ligue de baseball. La manière la plus polie de décrire ses aptitudes comme joueur se résume à dire qu'il n'en avait aucune. Incapable d'attraper la balle. Incapable de la lancer. Incapable de la frapper. Incapable de courir sur les sentiers.

En fait, Gordon était terrorisé par la balle.

Lorsque les équipes furent formées, je constatai avec soulagement que Gordon allait jouer dans une autre équipe que la mienne. Comme chaque joueur devait jouer au moins la moitié du match, je ne voyais vraiment pas comment Gordon aurait pu nous être d'une quelconque utilité. Dommage pour l'autre équipe.

Après deux semaines d'entraînement, Gordon jeta l'éponge. Mes amis qui faisaient partie de l'équipe de Gordon me racontèrent en riant comment leur instructeur avait demandé à deux des meilleurs joueurs de l'équipe d'aller se promener avec Gordon et de lui faire un brin de causette. «Va te faire voir ailleurs» fut le message qu'on lui transmit, et il fut bien reçu.

Gordon alla se faire voir ailleurs.

Cet événement choqua mon jeune sens de la justice et je fis ce qu'aurait fait tout arrêt-court au comble de l'indignation: je racontai tout à mon instructeur. Je ne lui épargnai aucun détail, confiant qu'il déposerait une plainte auprès des responsables de la ligue et que Gordon pourrait réintégrer les rangs de son équipe. J'allais ainsi servir à la fois les intérêts de la justice et les chances de victoire de mon équipe...

J'étais dans l'erreur. Mon instructeur décida que ce dont Gordon avait besoin, c'était de jouer dans une équipe qui le désirerait, le respecterait et lui donnerait la chance de participer à la mesure de ses capacités.

Gordon devint mon coéquipier.

J'aimerais bien raconter que Gordon, au bâton avec deux retraits en neuvième manche, frappa le coup sûr décisif lors d'un match important. Mais ce ne fut pas le cas. En fait, je pense qu'il ne fut même pas capable de frapper une fausse balle de toute la saison. Quant aux balles frappées en sa direction, elles passèrent toutes au-dessus de lui, entre ses deux jambes, à côté de lui ou hors de sa portée.

Pourtant, Gordon reçut de l'aide: notre instructeur l'astreignit à des séances d'entraînement supplémentaires au bâton et travailla son jeu défensif. Peine perdue.

J'ignore si Gordon retint quoi que ce soit des enseignements de mon instructeur cette année-là. Moi, si. J'appris à déposer un coup retenu sans «télégraphier» mes intentions à l'adversaire, à avancer d'un coussin lorsqu'une balle était captée et qu'il y avait moins de deux retraits, et à pivoter habilement au deuxième but pour réussir un double-jeu.

Bref, mon instructeur m'enseigna beaucoup de choses cet été-là, mais la plus importante ne concernait pas le baseball. Elle concernait la force de caractère et l'intégrité. Je me rendis compte que la valeur d'une personne ne se mesure pas à ses performances dans un domaine. Je compris que nous sommes tous des champions, quelle que soit notre capacité d'attraper une balle. J'appris que la droiture, la justice et l'intégrité importent plus que la victoire ou la défaite.

Cette année-là, j'étais content de faire partie de cette équipe et heureux d'avoir un tel homme comme instructeur. J'étais fier d'être son arrêt-court et son fils.

Chick Moorman

«Un jour, fiston, tu seras assez vieux pour faire tout ce qui te plaît. Mais ce sera ton fils qui aura les clés de la voiture et tu n'auras d'autre choix que de rester à la maison à regarder la télé.»

Reproduit avec l'autorisation de Randy Glasbergen.

Le champion

Ce garçon de 15 ans n'était pas très costaud, mais il compensait son manque de force brute et de vitesse par une détermination d'acier. Jason ne ratait aucun entraînement; pourtant, il jouait peu et uniquement au dernier quart lorsque l'équipe jouissait d'une avance confortable. Malgré cela, jamais il ne laissait voir son mécontentement, ni se plaignait. Il donnait toujours le maximum, aussi peu que ce fut.

Un beau jour, il ne se présenta pas à l'entraînement. Après un deuxième jour d'absence, je m'inquiétai (j'étais son entraîneur) et je téléphonai chez lui. C'est un oncle en visite qui me répondit. Il m'annonça le décès du père de Jason et me dit que la famille s'affairait à préparer les funérailles.

Deux semaines plus tard, mon fidèle numéro 37 réintégra les rangs de l'équipe, prêt à s'entraîner. Il ne restait que trois jours d'entraînement avant notre prochain match. L'enjeu était de taille: nous affrontions nos plus grands adversaires, la saison achevait et nous n'avions qu'une mince avance de un match sur eux. Bref, c'était un match crucial à un moment clé de la saison.

Lorsque le grand jour arriva, mes meilleurs joueurs étaient prêts à se ruer sur le terrain. Tous les visages que je connaissais bien étaient là, sauf un: celui de Jason. Mais tout à coup, Jason apparut à mes côtés, les yeux brillant d'un éclat étrange et inhabituel. Il déclara: «Aujourd'hui, je suis prêt à faire partie de l'alignement de départ.» Son ton était sans réplique. Le match débuta et Jason prit sa position sur le terrain. Le joueur régulier qu'il se trouvait à remplacer vint se rasseoir sur le banc, abasourdi.

Ce jour-là, Jason joua comme un dieu. Il était aussi bon et même meilleur que le joueur numéro un de notre équipe. Il courait de façon explosive, décelait tous les trous dans la défensive adverse et se relevait après chaque plaqué comme si de rien n'était. Au troisième quart, Jason avait déjà à son actif trois touchés. Puis, en guise de touche finale à sa grandiose performance, il marqua un quatrième touché dans les dernières secondes du match, comme s'il voulait chasser tout doute dans l'esprit des sceptiques.

À sa sortie du terrain, Jason reçut les accolades de ses coéquipiers sous la clameur de la foule. Malgré toute cette adulation, Jason réussit à garder sa modestie et sa discrétion habituelles. Intrigué par la transformation soudaine de Jason, je m'approchai de lui et dit: «Jason, tu as joué un match extraordinaire aujourd'hui. Après ton deuxième touché, j'ai dû me frotter les yeux et me pincer pour m'assurer que je ne rêvais pas. Maintenant que le match est terminé, je meurs de curiosité. Veux-tu me dire quelle mouche t'a piqué?».

Jason hésita un instant, puis il répondit: «Eh bien, comme vous le savez M. Williams, mon père est décédé récemment. De son vivant, il n'a jamais vu un seul de mes matchs parce qu'il était aveugle. Maintenant qu'il est au ciel, c'est la première fois qu'il peut me voir jouer. Je voulais qu'il soit fier de moi.»

Racontée par Nailah Malik,
la «Vela Storyteller»

Je t'aime, papa

Si Dieu peut agir à travers moi, il peut le faire à travers n'importe qui.

Saint François-d'Assise

Un jour, je rencontrai un homme venu à Tampa, en Floride, assister aux funérailles de son père. Le défunt et son fils ne s'étaient pas vus depuis des années. En fait, selon les dires du fils, le père avait quitté la maison familiale alors que son garçon était très jeune. Depuis, ils avaient eu très peu de contacts sauf il y a un an, lorsque son père lui avait envoyé une carte d'anniversaire accompagnée d'une lettre lui disant qu'il aimerait le revoir.

Après avoir discuté d'un éventuel voyage en Floride avec sa femme et ses enfants et consulté son agenda très chargé, le fils décida qu'il se rendrait chez son père deux mois plus tard, en voiture et avec sa famille, quand l'année scolaire serait terminée. Il gribouilla une note et, d'une main hésitante, la mit à la poste.

La réponse ne tarda pas. Sur une feuille de papier lignée arrachée d'un cahier à spirale semblable aux cahiers d'écoliers, se trouvaient quelques phrases débordantes d'enthousiasme et à peine lisibles. En fait, la lettre était farcie de fautes d'orthographe, de grammaire et de ponctuation. Le fils se sentit embarrassé pour son père et songea à annuler sa visite.

Peu après, la fille de cet homme fut admise dans la troupe de théâtre de son école et invitée à participer à un camp de perfectionnement. Et comme par hasard, ce camp avait lieu une semaine après la fin des classes; il fallait donc remettre à plus tard le voyage en Floride.

Son père l'assura qu'il comprenait, mais le fils ne reçut plus grand nouvelles de lui pendant un certain temps, à part quelques notes espacées ou un occasionnel coup de fil. Les propos du père étaient plutôt laconiques — des phrases marmonnées, des questions du genre «Comment va ta mère», des histoires nébuleuses à propos de son enfance. Ce fut toutefois suffisant pour que le fils commence à assembler quelques pièces du casse-tête.

En novembre, le fils reçut un coup de fil d'un voisin de son père. Celui-ci venait d'être admis à l'hôpital, victime d'une crise cardiaque. Le fils parla avec une infirmière qui le rassura, affirmant que son père se remettait bien de sa crise et que les médecins lui en diraient plus long.

Son père lui dit: «Je vais bien. Inutile que tu viennes en Floride. Les médecins m'assurent que les lésions sont mineures et que je pourrai rentrer chez moi après-demain.»

Dès lors, le fils appela son père tous les jours pour bavarder, rire et dire qu'ils se verraient «bientôt». À Noël, il lui fit parvenir de l'argent; en retour, son père envoya des petits cadeaux pour les enfants ainsi qu'un ensemble de crayons pour son fils. C'était des crayons bon marché, probablement achetés à la pharmacie du coin ou dans un magasin à prix modiques. Les enfants mirent rapidement de côté les jouets envoyés par leur grand-père. L'épouse du fils, cependant, reçut une magnifique boîte à musique en cristal. Très touchée, elle exprima sa gratitude au vieil homme lorsqu'ils lui téléphonèrent à Noël. «Elle appartenait à ma mère», expliqua-t-il. «Je voulais vous l'offrir.»

La femme dit alors à son mari qu'ils auraient dû l'inviter à la maison pour la période des fêtes. Cherchant une excuse pour ne pas l'avoir fait, elle ajouta: «De toute façon, il fait probablement trop froid pour ton père, ici.»

Février arriva et le fils décida d'aller voir son père. Toutefois, la malchance s'acharnait sur lui: l'épouse de son patron dut subir une intervention chirurgicale, ce qui l'obligea à faire des heures supplémentaires pour compenser l'absence de son employeur. Le fils téléphona donc à son père pour lui dire qu'il irait probablement le voir en mars ou en avril.

Je rencontrai le fils un vendredi. Il était enfin venu à Tampa. Il était venu enterrer son père.

Ce vendredi matin-là, il était en train d'attendre lorsque j'ouvris les portes de la chapelle. Une fois à l'intérieur, il s'assit à côté de la dépouille de son père, étendu dans un cercueil de métal bleu et vêtu d'un beau complet rayé bleu flambant neuf. Dans le couvercle du cercueil étaient inscrits ces mots: «Je rentre à la maison».

J'offris à son fils un verre d'eau. Il se mit à pleurer. Je le pris par l'épaule et il s'effondra dans mes bras en sanglotant. «J'aurais dû venir le voir plus tôt. Il n'aurait pas dû mourir seul.» Je lui tins compagnie jusqu'à tard dans l'après-midi. Il me demanda si j'avais quelque chose à faire ce jour-là. Je lui répondis que non.

Ma présence n'était motivée par rien d'autre que la pensée que c'était la seule chose décente à faire. Personne n'était venu rendre un dernier hommage au père de cet homme, pas même les voisins dont le défunt avait parlé à son fils. Cela me demanda seulement quelques heures de mon temps. Je racontai à cet homme que j'étais étudiant, que j'ambitionnais de devenir golfeur professionnel et que mes parents étaient propriétaires de la résidence funéraire. Lui était avocat et vivait à Denver. Il jouait au golf aussi souvent qu'il le pouvait. Il me parla de son père.

Ce soir-là, je demandai à mon propre père de jouer au golf avec moi le lendemain. Puis, avant de me mettre au lit, je lui dis: «Je t'aime, papa.»

Nick Curry III, 19 ans

Retour à la maison

La paix, comme la charité bien ordonnée, commence par soi-même.

Source inconnue

Combien de gens se rendent compte sur le tard à quel point ils ont aimé leur enfance. Eh bien, moi, enfant, j'ai toujours su que j'étais en train de vivre une période formidable. Et plus tard dans ma vie, alors que je traversais des moments moins heureux, je m'accrochai à ces souvenirs de bonheur pour essayer de retourner à mes origines.

J'ai grandi au sein d'une famille nombreuse qui vivait sur une ferme. Nous avions beaucoup d'amour, beaucoup d'espace et beaucoup à faire. Je ne m'y ennuyai jamais, occupée que j'étais à entretenir le potager, à couper le foin, à atteler les chevaux et à faire le ménage de la maison. J'adorais toutes ces tâches et jamais je n'eus l'impression de travailler. J'étais également à l'abri de l'influence parfois pernicieuse des jeunes de mon âge puisque ma seule et unique «bande d'amis» était composée des animaux du ranch. Ma famille et moi étions très unies, sans compter que nous passions presque toutes nos soirées ensemble étant donné l'endroit très reculé que nous habitions. Après le repas du soir, mes frères, mes sœurs et moi jouions à des jeux ou nous racontions des histoires, riant et rigolant jusqu'au moment de nous mettre au lit. Jamais je n'eus de problème à m'endormir. Il me suffisait d'écouter le chant des grillons et de rêver à une autre journée à la ferme. Voilà ce qu'était ma vie, et je savais toute la chance que j'avais.

À l'âge de 12 ans, un malheur arriva qui bouleversa ma vie à jamais. Mon père fut terrassé par une crise cardiaque, victime d'une cardiopathie héréditaire, et dut subir un triple pontage. Ce fut une dure épreuve pour nous tous. Les médecins recommandèrent à mon père de changer radicalement son style de vie: finies les promenades à cheval, finie la conduite du tracteur, bref, finie la vie de ferme. Incapables d'entretenir la ferme sans l'aide de notre père, nous nous vîmes forcés de tout vendre et de déménager plus à l'ouest, laissant derrière nous famille et amis ainsi que la seule façon de vivre que je connaissais.

L'air chaud et sec de l'Arizona s'avéra bénéfique pour mon père. Quant à moi, je commençais à m'adapter à ma nouvelle école, à mes nouveaux amis, à mon nouveau mode de vie. Du jour au lendemain, je me mis à fréquenter des garçons, à traîner dans les centres commerciaux et à subir l'influence à laquelle les ados sont souvent exposés. Les choses étaient étranges et différentes, certes, mais je les trouvais également excitantes et amusantes. J'appris que le changement, même imprévu, pouvait être une bonne chose. J'ignorais alors que ma vie allait de nouveau changer, du tout au tout.

Un jour, en effet, un impresario de Los Angeles m'aborda pour me demander si j'avais déjà envisagé de devenir actrice. L'idée ne m'avait jamais effleurée, mais sa proposition suscita mon intérêt. Après y avoir réfléchi et en avoir discuté avec mes parents, il fut décidé que j'irais passer quelque temps à Los Angeles avec ma mère, histoire de tenter ma chance. Je ne savais pas du tout dans quoi je m'embarquais!

Dieu merci, ma mère fut à mes côtés dès le début. Ensemble, nous considérions cette période comme une aventure. À mesure que ma carrière progressa, je gagnai en maturité. Lorsque la série télévisée *Beverly Hills 90210* devint un succès, ma mère et moi décidâmes qu'il était temps pour elle de rentrer en Arizona. La jeune fille de campagne que j'avais été cédait maintenant la place à une femme adulte habituée à la grande ville.

Mon travail me plaisait au plus haut point et mon succès dépassait mes rêves les plus fous. Et pourtant... quelque chose me manquait. Petit à petit, un sentiment de vide s'insinua dans mon cœur et se mit à gruger mon bonheur.

J'essayai donc par toutes sortes de moyens de trouver ce qui n'allait pas. J'essayai de travailler plus fort, puis de travailler moins. Je me fis de nouveaux amis, puis laissai de côté les anciens copains. Cependant, rien de tout cela ne parvint à combler le vide que je ressentais. Je me rendis compte alors que je ne trouverais pas la solution à ce problème en fréquentant les boîtes de nuit, en allant à d'interminables réceptions et en menant la grande vie. J'essayai donc de me rappeler les moments où j'avais été le plus heureuse et où ma vie prenait tout son sens. Je m'interrogeai sur mes priorités. Finalement, je trouvai la réponse. Je compris ce que je devais faire pour retrouver la joie de vivre. Une fois de plus, ma vie allait changer.

Je téléphonai à mes parents: «Vous me manquez trop. J'ai besoin de vous. Je vais acheter une maison ici et vous allez venir vivre en Californie.» Mon père n'était guère enthousiaste à l'idée de plonger dans la frénésie de la grande ville, mais je lui assurai que tout allait bien se passer. Nous nous mîmes donc à chercher un endroit situé à l'extérieur de la ville, un endroit où il y aurait plein d'animaux et un grand potager qui regorgerait de légumes frais pour le souper, un endroit qui serait le lieu de rencontre de toute la famille, un endroit où nous nous réunirions les jours de vacances, une oasis à l'abri du monde extérieur. Bref, un endroit pareil à celui de mon enfance.

Puis, un jour, nous trouvâmes l'endroit idéal: un ranch impeccable niché au creux d'une vallée pleine de soleil. Mon rêve devenait réalité. Le sentiment de vide qui me tenaillait se dissipa peu à peu, et je retrouvai mon équilibre et ma sérénité. J'étais de retour à la maison.

Jennie Garth
actrice, Beverly Hills 90210

4

L'AMOUR ET LA BONTÉ

Les paroles empreintes de bonté
font naître la confiance.
Les pensées empreintes de bonté
font naître la profondeur d'esprit.
Les gestes empreints de bonté
font naître l'amour.

Lao-tzu

Tigresse

Fais preuve de gentillesse envers tous ceux que tu rencontres; leur combat est peut-être plus dur que le tien.

Platon

Je ne me rappelle plus très bien comment Jesse s'était rendu jusqu'à ma clinique. Chose certaine, malgré sa carrure et sa démarche qui lui donnaient presque l'air d'un homme, il était encore trop jeune pour détenir un permis de conduire. Son visage était franc et direct.

Lorsque j'entrai dans la salle d'attente, Jesse caressait sa chatte à travers la porte ouverte d'une cage posée sur ses genoux. Avec sa foi d'enfant en mes pouvoirs de vétérinaire, il m'avait apporté sa chatte malade pour que je la guérisse.

C'était un animal minuscule aux formes harmonieuses, au crâne délicat et dont la fourrure arborait des taches magnifiques. J'évaluai son âge à plus ou moins 15 ans. Je n'eus aucune peine à comprendre que son pelage tacheté et rayé, doublé de son petit air féroce, avaient pu faire naître dans un esprit d'enfant l'image d'un tigre. Rien d'étonnant donc à ce que Jesse l'ait appelée Tigresse.

Si l'éclat de ses yeux verts s'était affadi avec l'âge, Tigresse conservait un air gracieux et plein d'assurance. Elle me salua en frottant amicalement son museau sur ma main.

Je commençai à interroger Jesse sur les raisons de sa visite. Contrairement à la plupart des adultes, l'adolescent me répondit avec simplicité et sans détour. Tigresse avait toujours eu un appétit normal, mais depuis peu, elle vomissait deux ou trois fois par jour. Elle ne mangeait plus du tout et se tenait à l'écart, l'humeur morose. De plus, elle avait perdu un demi-kilo, ce qui est énorme pour un animal qui n'en pèse que trois.

Pendant que je caressais Tigresse et lui disais combien elle était belle, j'examinai ses yeux et sa bouche, j'auscultai son cœur et ses poumons, je palpai son ventre. Je trouvai alors ce qui n'allait pas: une masse en forme de tube au beau milieu de son ventre. Tigresse essaya doucement de se soustraire à mon examen; elle n'aimait pas que l'on touche à cette masse.

Je regardai le visage puéril de mon jeune client, puis je posai les yeux sur cette chatte qu'il possédait probablement depuis toujours. J'allais devoir lui annoncer que son animal adoré avait une tumeur et que même si on lui enlevait la tumeur, ses chances de survie ne dépasseraient guère une année, peut-être au prix de séances hebdomadaires de chimiothérapie.

En outre, les traitements allaient être compliqués et très coûteux. Je devais donc dire à Jesse que sa chatte allait probablement mourir. Qu'il se retrouverait tout seul.

La vie s'apprêtait à donner à Jesse une de ses leçons les plus cruelles: tout ce qui est vivant finit par mourir. C'est un élément incontournable de la vie. Notre première rencontre avec la mort peut nous en apprendre beaucoup sur la vie, et il semblait bien que j'allais être celle qui accompagnerait Jesse dans cette première expérience. Je ne pouvais me permettre le moindre faux pas. Tout devait être parfait; je ne voulais pas traumatiser ce jeune garçon.

Il m'aurait été facile de fuir cette responsabilité en appelant ses parents. Toutefois, la vue de son visage chassa en moi toute envie de le faire. Jesse sentait que quelque chose n'allait pas; de mon côté, je ne pouvais feindre d'ignorer son angoisse. Je m'adressai donc au maître légitime de Tigresse, lui expliquant le plus délicatement possible ce que je venais de découvrir et ce que cela signifiait.

Pendant que je lui parlais, Jesse me tourna brusquement le dos, probablement pour dérober son visage à mon regard; j'avais cependant eu le temps de voir son expression changer. Je m'assis et me tournai vers Tigresse, laissant ainsi un peu d'intimité à Jesse, puis je lui énumérai les différentes possibilités qui s'offraient à lui: je pouvais faire une biopsie de la masse, ou bien laisser Tigresse s'éteindre paisiblement à la maison, ou encore lui donner une injection qui la plongerait dans un sommeil définitif.

Jesse m'écouta attentivement en hochant la tête. Ensuite, il parla. Il savait que sa chatte ne profitait plus de la vie et il refusait de la voir souffrir davantage. On voyait qu'il faisait de gros efforts pour se raisonner. Les voir ainsi tous les deux me bouleversa. J'offris à Jesse de téléphoner à ses parents pour leur expliquer la situation.

Jesse me donna le numéro de téléphone de son père. Je l'appelai et repris tout depuis le début. Jesse, lui, m'écoutait en caressant sa chatte. Je laissai ensuite le père parler à son fils. Jesse marcha de long en large en gesticulant et sa voix se brisa à quelques reprises; toutefois, quand il raccrocha le combiné, il se tourna vers moi, les yeux secs, et m'annonça que son père et lui optaient pour l'injection.

Il n'y eut aucune discussion, aucun refus, aucune crise de larmes, seulement l'acceptation de l'inéluctable. Je me rendais compte, cependant, à quel point il était déchiré. Je lui demandai s'il voulait ramener Tigresse chez lui pour passer une dernière nuit avec elle et lui faire ses adieux. Il refusa. Tout ce qu'il souhaitait, c'était de passer quelques minutes seul avec elle.

Je quittai donc la pièce pour préparer le barbiturique que j'allais injecter à Tigresse. Je ne pus réprimer les larmes qui jaillirent de mes yeux ni la peine que j'éprouvais pour ce garçon qui allait, tout seul et si brusquement, devenir un homme.

J'attendis à l'extérieur de la salle d'examen. Au bout de quelques minutes, Jesse en sortit et déclara qu'il était prêt. Je lui demandai s'il désirait rester auprès de Tigresse. Ma question sembla le surprendre; aussi lui expliquai-je qu'il serait probablement plus facile pour lui de voir de ses propres yeux que tout s'était passé en douceur, plutôt que de se demander à jamais ce qui s'était réellement produit.

Jesse saisit immédiatement la logique de mon argument. Il prit la tête de Tigresse entre ses mains et lui chuchota à l'oreille des paroles rassurantes tandis que j'administrais l'injection.

Elle s'endormit à jamais, la tête blottie au creux des mains de son jeune maître.

La chatte avait l'air paisible, au repos. C'était maintenant au propriétaire de porter seul le fardeau de la souffrance. Prendre sur ses épaules la souffrance d'un autre pour l'en soulager est le plus beau des cadeaux, dis-je à Jesse.

Il hocha la tête. Il comprenait.

Pourtant, il manquait encore quelque chose. Je sentais que ma tâche n'était pas terminée. Puis je compris: j'avais demandé à cet adolescent de se muer en homme presque instantanément, ce qu'il avait fait avec grâce et avec force, mais il était encore si jeune.

Je lui ouvris donc mes bras et lui demandai s'il avait besoin d'un câlin. Il en avait effectivement besoin et, pour être franche, moi aussi.

Judith S. Johnessee

La couleur du cœur

Le don de soi est le plus beau des présents.

Ralph Waldo Emerson

L'an dernier, à l'approche de l'Halloween, on me demanda de participer au carnaval organisé par *Tuesday's Child*, un organisme qui œuvre auprès des enfants atteints du SIDA. On m'avait invitée parce que je jouais dans un feuilleton télévisé; j'avais accepté parce que cette cause me tenait à cœur. D'ailleurs, peu d'enfants se rendirent compte que j'étais une actrice connue; ils me virent seulement comme une enfant un peu grande qui venait passer la journée avec eux pour jouer. Et je pense que je préférais qu'il en soit ainsi.

Il y avait au carnaval plusieurs kiosques. L'un d'entre eux attira mon attention, car de nombreux enfants s'étaient massés devant. À ce kiosque, on invitait tous ceux qui le désiraient à peindre un carré de tissu qui, ultérieurement, serait cousu avec d'autres pour confectionner une courtepointe. On offrirait ensuite la courtepointe en cadeau à un homme qui avait consacré une bonne partie de sa vie à cet organisme et qui était à la veille de prendre sa retraite.

On distribua aux enfants de la peinture à tissu aux couleurs vives, puis on leur demanda de peindre quelque chose qui enjoliverait la courtepointe. Lorsque je jetai un coup d'œil sur les carrés des enfants, j'aperçus des cœurs roses, des nuages bleus, de magnifiques couchers de soleil orange et des fleurs violettes. Tous les dessins étaient lumineux, gais, réconfortants. Tous sauf un.

Le petit garçon assis à côté de moi était en train de peindre un cœur, mais son dessin était sombre, morne, sans vie. On n'y trouvait pas les couleurs vives et vibrantes qu'utilisaient les autres artistes en herbe.

Sur le coup, je crus qu'il avait utilisé la seule couleur qui restait et que cette couleur était sombre. Toutefois, lorsque je l'interrogeai, il me répondit que le cœur était sombre parce que le sien l'était également. Je lui demandai pourquoi. Il me dit qu'il était très malade et que sa mère l'était également. Il ajouta qu'on ne pouvait le guérir, ni guérir sa mère. Puis il me regarda droit dans les yeux et déclara: «Personne n'y peut quoi que ce soit».

Je lui dis alors combien j'étais désolée qu'il soit malade, combien je comprenais les raisons de sa tristesse. J'ajoutai que je pouvais même comprendre pourquoi il avait peint un cœur si sombre. Toutefois, je lui dis qu'il se trompait de penser que personne ne pouvait l'aider. Je lui expliquai que même s'il n'existait aucun traitement pour les soulager, lui et sa mère, il existait des choses qu'on pouvait faire et qui, selon ma propre expérience, constituaient un excellent remède contre la tristesse: par exemple, se donner de gros câlins. Je lui dis que s'il le voulait bien, je serais heureuse de le serrer bien fort dans mes bras pour qu'il comprenne ce que je voulais dire. Il grimpa aussitôt sur mes genoux et j'eus l'impression que mon cœur allait exploser d'amour pour cet adorable petit garçon.

Il resta sur mes genoux un long moment. Lorsqu'il en eut assez, il redescendit pour terminer son travail. Je lui demandai s'il se sentait mieux. Il répondit que oui, mais du même souffle il ajouta qu'il était toujours malade et qu'on n'y pouvait rien. Je l'assurai que je comprenais, puis je m'éloignai, le cœur lourd, plus déterminée que jamais à servir cette cause et à faire tout ce qui serait humainement possible de faire.

Vers la fin de la journée, tandis que je m'apprêtais à rentrer chez moi, je sentis quelqu'un tirer sur ma veste. Je me tournai. Devant moi se trouvait le petit garçon au cœur sombre, un beau sourire accroché aux lèvres. Il me dit: «Mon cœur est en train de changer de couleur. Il est plus gai. Je pense que ça fonctionne réellement, les gros câlins.»

En rentrant à la maison, je sondai mon propre cœur et sentis qu'il avait lui aussi pris une teinte plus gaie.

Jennifer Love Hewitt
actrice, Party of Five

Le secret du bonheur

Si tu veux être aimé, aime et sois aimable.

Benjamin Franklin

Il existe une fable merveilleuse au sujet d'une petite orpheline sans famille ni personne pour l'aimer. Un jour qu'elle était profondément triste et seule, elle fit une promenade dans un pré et aperçut un petit papillon empêtré dans un impitoyable buisson d'épines. Plus le papillon essayait de se tirer de ce mauvais pas, plus les épines s'enfonçaient dans son corps délicat. Précautionneusement, la petite orpheline libéra le papillon de sa prison. Au lieu de s'envoler, toutefois, le papillon se transforma en une fée ravissante. La fillette se frotta les yeux, incrédule.

«Pour te remercier de ta gentillesse, je vais t'accorder un vœu», déclara la fée à la petite fille.

L'orpheline y songea un moment, puis elle répondit: «Je veux être heureuse!».

La fée répondit «Très bien», se pencha vers elle et lui chuchota quelque chose à l'oreille. Puis elle disparut.

La petite fille devint grande et personne dans le pays n'était plus heureux qu'elle. Tous lui demandaient le secret de son bonheur. En guise de réponse, elle se contentait de sourire en disant: «Le secret de mon bonheur, c'est que j'ai suivi les conseils d'une bonne fée quand j'étais enfant.»

Lorsqu'elle fut très vieille et proche de la mort, ses voisins la veillèrent sans répit, de crainte qu'elle n'emporte dans la tombe son fabuleux secret du bonheur. On la supplia: «Nous t'en prions, révèle-nous ton secret. Que t'a dit la bonne fée?».

La charmante vieille femme esquissa un sourire et finit par dévoiler son secret: «Elle m'a dit que vous tous, jeunes ou vieux, riches ou pauvres, indépendants ou non, aviez besoin de moi.»

The Speaker's Sourcebook

Le cœur au chaud, les pieds aussi

Un seul geste de bonté vaut mieux que mille âmes pieuses.

Gandhi

L'école était finie. En attendant l'autobus qui le ramènerait à la maison, Frank Daily promenait son regard sur le sol gelé, tassant du pied quelques mottes de neige noircies par les gaz d'échappement des voitures. En montant dans l'autobus n° 10, il répondit distraitement et machinalement aux questions de ses deux amis, Norm et Ed: «Ouais, l'examen de Milton, je l'ai réussi... Non, pas ce soir, je dois potasser mes bouquins.»

Une fois à bord de l'autobus de la ville de Milwaukee, Frank et ses amis s'installèrent à l'arrière parmi d'autres camarades d'école. L'autobus cracha un nuage gris et se mit en route.

Frank s'affala sur son siège, les deux pouces enfoncés derrière la boucle de sa ceinture. C'était une journée froide et grise, pareille à cet après-midi fatidique où son univers s'était écroulé, il y avait de cela un mois maintenant. Frank savait qu'il était un joueur de basket-ball aussi talentueux que les autres. D'ailleurs, sa mère avait coutume de l'appeler «l'athlète de l'année». Lorsqu'il était petit, elle lui avait donné le sobriquet de «missile à tête chercheuse». Cette pensée lui arracha un sourire.

L'autobus s'inclina en s'engageant dans une courbe et Frank pressa automatiquement ses Nikes contre le plancher. *C'est sûrement à cause de ma taille*, songea-t-il. *Ça ne peut pas être autre chose. Un mètre soixante-quatre... C'est sûrement parce que je viens d'arriver à l'école Marquette et que je ne suis qu'une recrue; l'entraîneur de basket-ball a dû me regarder rapidement et conclure que j'étais trop petit pour faire partie de l'équipe.*

Il n'était déjà pas facile de s'adapter à une nouvelle école où les anciens élèves avaient tendance à former des clans, mais pour Frank qui avait brillé dans tous les sports à l'école primaire, ce refus blessait son amour-propre.

Non seulement Frank avait-il excellé dans les sports avant d'arriver à l'école Marquette, mais dès la fin de son primaire, il avait découvert les sciences politiques et l'histoire. Il se remémorait le conseil que son instituteur, Don Anderson, lui avait prodigué: «Frank, si tu consacres autant de temps à tes études qu'aux sports, tu réussiras dans les deux domaines.»

Au moins, Anderson avait raison au sujet des études, songea Frank. *Je n'ai eu que des A et des B depuis. Pour ce qui est du basket-ball, c'est une autre paire de manches.*

Le bruit assourdissant d'un klaxon, suivi d'un grincement de freins quelque part derrière l'autobus, fit sursauter Frank. Il regarda Norm et Ed. Norm, la tête appuyée contre la fenêtre, les yeux mi-clos, faisait des ronds de buée sur la vitre à chaque respiration.

Frank se frotta les yeux. Il se rappela comment, le mois dernier, son estomac s'était noué lorsqu'il était entré dans le gymnase. Rempli d'espoir et d'angoisse, il avait parcouru la liste de l'équipe de basket qu'on avait affichée sur la porte du vestiaire, y cherchant frénétiquement son nom. Rien. Nulle trace de son nom. Pas de Frank. Il avait eu la subite impression d'avoir cessé d'exister. D'être devenu invisible.

L'autobus freina brusquement à un arrêt. Le chauffeur cria à quelques chahuteurs de se calmer. Frank jeta un coup d'œil au chauffeur qu'ils avaient surnommé «Kojak» à cause de sa tête chauve.

Une femme très enceinte se cramponna à la rampe de métal et se hissa péniblement à bord de l'autobus. Lorsqu'elle se laissa choir sur la banquette, juste derrière le chauffeur, ses pieds restèrent dans les airs un moment et Frank vit qu'elle était en chaussettes.

Pendant qu'il manœuvrait l'autobus pour réintégrer le trafic, Kojak lança au-dessus de son épaule: «Où sont vos chaussures, madame? Il ne fait pas plus que zéro degré dehors.»

«Je n'ai pas les moyens de me payer des chaussures», répondit la femme, puis elle remonta le collet élimé de son manteau. À l'arrière, quelques garçons se regardèrent d'un air narquois. «Je suis montée à bord uniquement pour me réchauffer les pieds» ajouta-t-elle. «Si ça ne vous dérange pas, j'aimerais faire un bout de chemin avec vous.»

Kojak se gratta la peau du crâne et cria de nouveau: «Maintenant, dites-moi ma petite dame, comment se fait-il que vous n'ayez pas les moyens de vous acheter des chaussures?»

«J'ai huit enfants. Ils ont tous des chaussures et il ne reste plus d'argent pour moi. Ne vous en faites pas, ça va aller. Dieu se chargera de moi.»

Frank regarda ses Nikes flambant neuves. Ses pieds étaient bien au chaud et l'avaient toujours été. Puis il regarda la femme. Ses chaussettes étaient trouées. Il manquait des boutons à son manteau entrouvert et on devinait sous sa robe sale un ventre rond comme un ballon de basket.

Maintenant, Frank n'entendait plus le brouhaha qui l'entourait. Il n'avait même plus conscience de la présence de ses amis. Tout ce qu'il ressentait, c'était un nœud qui se défaisait dans son estomac. Le mot «invisible» surgit de nouveau dans son esprit. *Une personne invisible, une exclue oubliée par la société, mais pas pour les mêmes raisons que moi*, se dit-il.

Il serait, lui, probablement toujours capable de se payer des chaussures. Elle, toutefois, n'en aurait peut-être jamais les moyens. Sous son siège, il appuya la pointe de sa chaussure droite contre le talon de sa chaussure gauche et se déchaussa. Il répéta la même opération avec l'autre chaussure. Il regarda autour de lui. Personne n'avait remarqué quoi que ce soit. Certes, il allait devoir franchir trois pâtés de maison en chaussettes dans la neige, mais le froid ne l'avait jamais réellement dérangé. Lorsque l'autobus s'arrêta à la fin de son parcours, Frank attendit que tous les passagers descendent. Puis, il se pencha et ramassa ses baskets sous son siège. D'un pas rapide, il s'approcha de la femme et les lui tendit. Les yeux rivés au plancher, il dit: «Madame, vous avez plus besoin de ces chaussures que moi.»

Aussitôt, Frank se précipita vers la porte de l'autobus et descendit à son tour. Ses deux pieds atterrirent dans une flaque d'eau, mais cela n'avait aucune espèce d'importance. Il n'avait pas froid du tout. Il entendit la femme s'exclamer: «Regardez, ces chaussures me font parfaitement!»

Il entendit également Kojak crier: «Eh! petit, reviens un peu ici. Comment t'appelles-tu?»

Frank se tourna vers Kojak. Au même moment, Norm et Ed lui demandèrent où étaient passées ses chaussures.

Devant Kojak, ses amis et cette femme, Frank sentit ses joues rougir de confusion. «Frank Daily», dit-il doucement. «Je m'appelle Frank Daily.»

«Eh bien! Frank, ça fait vingt ans que je conduis cet autobus et je n'ai jamais rien vu de pareil», dit Kojak.

De son côté, la femme pleurait. «Merci, jeune homme», dit-elle. Puis, elle se retourna vers Kojak: «Je vous l'avais bien dit que Dieu s'occuperait de moi.»

Frank marmonna «Je vous en prie» et ajouta en souriant: «Pas besoin d'en faire un plat. Après tout, c'est Noël.»

Frank se dépêcha de rattraper Norm et Ed. Il lui sembla que la grisaille du jour s'était dissipée. En fait, lorsqu'il arriva chez lui, il avait à peine senti le froid sous ses pieds.

Barbara A. Lewis

Reproduction autorisée par Malcolm Hancock.

Un sourire

Une femme sourit à un étranger au visage accablé,
et ce geste courtois semble le réconforter.
L'homme écrit aussitôt une lettre de remerciement
à un ami en souvenir d'une faveur passée.

L'ami, content de recevoir ce mot,
laisse au restaurant un pourboire généreux.
La serveuse, étonnée de cette appréciation,
d'un coup de tête mise toute la somme à la loterie.

Le lendemain, elle empoche ses gains,
et en donne une partie à un mendiant.
Le mendiant lui en est très reconnaissant,
car depuis deux jours il est resté sur sa faim.

Après s'être offert un petit festin,
le mendiant s'en retourne dans sa chambre miteuse.
(Il ne saura jamais que la vie jusque-là
lui réservait un bien funeste destin.)

Chemin faisant, il ramasse un chiot grelottant
et l'emmène chez lui pour le réchauffer.
Le chiot, désormais protégé de la tempête,
est heureux de dormir à l'abri du vent.

Cette nuit-là, un incendie éclate dans l'habitation.
Et c'est le chiot qui donne l'alarme en aboyant.
Il jappe tant et si bien que tous se réveillent,
on peut ainsi secourir tous les occupants de la maison.

Un des enfants sauvés des flammes par le chiot
grandit et devient président de son pays.
Tout cela a été possible grâce à un simple sourire
qui, comme on le sait, vaut bien plus que mille mots.

Barbara Hauck, 13 ans

Madame Link

J'avais 18 ans, j'étais sur le point d'entrer au collège et j'étais fauchée comme les blés. Pour gagner un peu d'argent, je vendais des livres en faisant du porte-à-porte. Un jour que je me trouvais dans une rue où habitaient des personnes âgées, je sonnai à une porte et une belle grande dame âgée de plus de 80 ans vint ouvrir, vêtue d'un peignoir. «Vous voilà enfin, chère amie! Je vous attendais! Dieu m'avait d'ailleurs annoncé votre visite aujourd'hui.» Figurez-vous que Mme Link avait grand besoin d'aide pour s'occuper de sa propriété et il semblait évident pour elle que j'étais la personne à qui cette mission était destinée. De toute façon, qui étais-je pour contester la volonté divine?

Le lendemain, je peinai pendant six heures, travaillant comme jamais je ne l'avais fait auparavant. Mme Link m'enseigna à planter des bulbes, à enlever les mauvaises herbes et à arracher les fleurs fanées. Pour finir, je tondis la pelouse avec une tondeuse qui semblait tout droit sortie de la préhistoire. Une fois ma journée terminée, Mme Link me complimenta sur mon travail. Puis, elle examina les lames de la tondeuse et dit: «On dirait que vous avez frappé un caillou. Je vais aller chercher une lime.» Je compris alors pourquoi toutes les antiquités de Mme Link fonctionnaient à merveille. Pour six heures de travail, elle me tendit un chèque de trois dollars. Nous étions en 1978. Dieu a un curieux sens de l'humour, vous ne trouvez pas?

La semaine suivante, je fis le ménage de la maison de Mme Link. Elle m'expliqua en détail comment dépoussiérer son vieux tapis persan à l'aide d'un aspirateur tout aussi vieux. Pendant que j'époussetais ses précieux trésors, elle me raconta comment elle les avait acquis au cours de ses voyages à travers le monde. Pour déjeuner, elle nous fit sauter des légumes frais de son jardin. Nous partageâmes un excellent repas et passâmes une journée exquise.

Certaines semaines, je devenais son chauffeur. Je conduisais le dernier cadeau que Mme Link avait offert à feu M. Link, c'est-à-dire une rutilante voiture maintenant vieille de 30 ans. Encore là, cette voiture avait conservé tout son éclat. Mme Link n'avait jamais pu avoir d'enfants, mais sa sœur, ses neveux et ses nièces vivaient tout près, sans compter que ses voisins l'aimaient beaucoup. En outre, Mme Link était restée active dans les affaires municipales.

Un an et demi après ma première rencontre avec Mme Link, mes activités scolaires, paroissiales et professionnelles commencèrent à prendre toute la place et j'eus de moins en moins de temps à lui consacrer. Je trouvai toutefois une jeune fille pour l'aider à entretenir sa maison.

La Saint-Valentin approchait. Peu démonstrative et toujours aussi fauchée, je dus limiter la liste des personnes à qui j'enverrais une carte de souhaits. Maman jeta un coup d'œil sur ma liste et dit: «Tu dois absolument offrir tes souhaits de Saint-Valentin à Mme Link.»

Je rétorquai, perplexe: «Mais pourquoi donc? Mme Link a une famille, des amis, des voisins. Elle connaît plein de gens dans la communauté. Et puis, je ne la vois presque plus. Pourquoi voudrait-elle des souhaits de Saint-Valentin?».

Ma réponse laissa maman de glace. «Il faut que tu offres tes souhaits de Saint-Valentin à Mme Link», insista-t-elle.

Le jour de la Saint-Valentin, je pris mon courage à deux mains et présentai à Mme Link un bouquet qu'elle accepta volontiers.

Quelques mois plus tard, je rendis de nouveau visite à Mme Link. Et là, bien centré sur le manteau de la cheminée, parmi les objets magnifiques qui ornaient son salon, se trouvait mon bouquet maintenant fané. C'était le seul cadeau de la Saint-Valentin qu'elle avait reçu cette année-là.

Susan Daniels Adams

La frontière

Mal à l'aise, Dondre Green embrasse du regard la salle de bal d'un hôtel de Cleveland où se masse une foule de personnalités provenant de divers milieux. Ces gens sont venus des quatre coins du pays pour participer à un banquet organisé dans le but de recueillir des fonds pour la *National Minority College Golf Scholarship Foundation*. Je suis un des animateurs de la soirée. Quant à Dondre, un étudiant de 18 ans originaire de Monroe, en Louisiane, il est l'invité d'honneur.

«Nerveux?», dis-je à Dondre, élégant dans sa chemise empesée et son complet loué.

«Un peu», murmure-t-il en grimaçant un sourire.

Un mois plus tôt, Dondre n'était qu'un obscur adolescent de race noire qui fréquentait un collège du Sud des États-Unis, collège où la grande majorité des étudiants étaient de race blanche. Malgré ce contexte, Dondre n'avait jamais eu de problème avec la couleur de sa peau. Puis, le 17 avril 1991, son teint foncé a provoqué un incident qui a fait les manchettes dans tous les États-Unis.

«Mesdames et messieurs», annonce le maître de cérémonie, «notre invité d'honneur, Dondre Green.»

Sous les applaudissements de la foule, Dondre s'approche du microphone et commence à raconter son histoire. «J'adore le golf», dit-il doucement. «Au cours des deux dernières années, j'ai été membre de l'équipe de golf du St. Frederick High School. Même si j'étais le seul membre de race noire, j'ai toujours été bien accueilli dans les clubs de golf de la Louisiane où les joueurs sont majoritairement blancs.»

Les gens dans l'assistance tendent l'oreille; même les serveurs et les aides-serveurs s'arrêtent pour écouter. Pour ma part, un souvenir profondément enfoui dans mon cœur refait surface.

«Un jour, notre équipe s'est rendue au Caldwell Country Club de Columbia», poursuit Dondre. «Dès notre arrivée, nous nous sommes dirigés vers les verts.»

Dondre et ses coéquipiers, absorbés par ce qu'ils avaient à faire, n'entendirent pas la conversation qui se déroula entre un homme et James Murphy, le responsable des sports à St. Frederick. Après avoir disparu dans le pavillon du club, Murphy alla retrouver ses joueurs.

«Je veux voir les vétérans de l'équipe, et que ça saute!» lança Murphy. On lisait la tension sur son visage pendant que quatre joueurs, dont Dondre, se groupaient autour de lui.

«Je ne sais pas comment vous dire ça», dit-il, «mais le Caldwell Parish Country Club est réservé exclusivement aux Blancs.» Murphy fit une pause et regarda Dondre. Ses coéquipiers, stupéfaits, échangèrent quelques regards perplexes. «Il en revient aux vétérans de l'équipe de prendre une décision», poursuivit Murphy. «Si nous partons, nous serons disqualifiés. Si nous restons, Dondre ne pourra pas jouer.»

Pendant que j'écoute l'histoire de Dondre, mes souvenirs d'enfance, vieux de 32 ans, rejaillissent dans mon esprit.

En 1959, j'avais 13 ans. J'étais un enfant du ghetto noir de Long Island, New York, qui vivait dans la pauvreté avec sa mère et son beau-père. Ma mère travaillait de nuit dans un hôpital et mon beau-père conduisait des camions transportant du charbon. Inutile de préciser que notre niveau de vie était loin de celui que véhicule le rêve américain.

Néanmoins, lorsque mon instituteur annonça un voyage à Washington en guise de récompense de fin d'année, il ne me vint jamais à l'esprit que le groupe partirait sans moi. En plus d'une visite de tous les attraits touristiques de la capitale des États-Unis, le programme prévoyait un arrêt au parc d'attractions Glen Echo, situé dans le Maryland. Dans mon imagination, Glen Echo était synonyme de Disneyland, de Knott's Berry Farm et de Magic Mountain.

Mon cœur se mit à battre la chamade et je me précipitai à la maison pour montrer à ma mère le programme de la visite. Toutefois, en voyant le coût du voyage, ma mère secoua la tête: nous n'en avions pas les moyens.

Après dix secondes de désespoir, je décidai de trouver moi-même les fonds requis pour le voyage. Pendant les huit semaines qui suivirent, je vendis des tablettes de chocolat en faisant du porte-à-porte, je livrai des journaux et je tondis des pelouses. Trois jours avant la date limite pour verser l'argent du voyage, j'avais réussi, tout juste, à amasser la somme nécessaire. J'allais partir à Washington!

Le jour du départ, tremblant d'enthousiasme, je montai à bord du train. J'étais le seul passager de race noire du wagon.

Notre hôtel était situé tout près de la Maison-Blanche. Je partageais ma chambre avec Frank Miller, le fils d'un homme d'affaires. Rapidement, nous forgeâmes une solide amitié en nous penchant par la fenêtre pour lancer des ballons remplis d'eau sur la tête des touristes.

Chaque matin, la centaine d'enfants bruyants que nous étions montaient à bord de l'autobus, prêts à vivre une nouvelle aventure. Dans l'autobus, nous entonnions le chant guerrier de notre école aussi souvent que nous le pouvions, que ce soit pour se rendre au cimetière d'Arlington ou en croisière sur la rivière Potomac.

Nous visitâmes le Lincoln Memorial à deux reprises, la première fois à la lumière du jour, la seconde à la tombée de la nuit. C'est en silence que mes camarades et moi marchâmes sous les 36 colonnes de marbre, chacune représentant un État de l'Union que le travail acharné de Lincoln avait su préserver. Frank et moi nous arrêtâmes au pied de cette statue de près de 6 mètres de haut qui représentait Lincoln assis. En raison de l'éclairage, on aurait dit que le marbre blanc de Georgie scintillait. Ensemble, nous lûmes les paroles célèbres que Lincoln avait prononcées à Gettysburg en souvenir d'une des batailles les plus meurtrières de la guerre de Sécession. «... *Nous sommes inébranlablement résolus à ce que tous ces hommes ne soient pas morts en vain, à ce que cette nation, sous la gouverne de Dieu, renaisse sous le signe de la liberté...*»

Tandis que Frank me plaçait pour prendre une photo, je jetai un dernier coup d'œil sur le visage de Lincoln. Il avait l'air vivant et si triste. Le lendemain matin, je compris un peu mieux pourquoi le visage de Lincoln ne souriait pas.

«Clifton», appela une de nos accompagnatrices, «j'aimerais te dire un mot». Les autres élèves assis à ma table, en particulier Frank, blêmirent. C'est que l'instant d'avant, nous rigolions au sujet d'une mauvaise blague que nous avions faite la veille: nous avions lancé un ballon plein d'eau sur une grosse femme qui promenait son caniche. C'était une farce stupide et dangereuse, mais qui, heureusement, n'avait pas mal fini. Lorsque l'accompagnatrice demanda à me parler, nous étions justement en train de célébrer notre crime jusque-là resté impuni.

«Clifton» dit-elle, «as-tu déjà entendu parler de la ligne Mason-Dixon?».

«Non», répondis-je en me demandant ce que cela avait à voir avec les grosses femmes et les ballons d'eau.

«Avant la guerre de Sécession», m'expliqua-t-elle, «la ligne Mason-Dixon était à l'origine la frontière séparant le Maryland de la Pennsylvanie. C'était la frontière qui divisait les États esclavagistes et les États anti-esclavagistes.» Je venais d'échapper à un désastre, mais je sentais qu'il s'en tramait un autre. Je remarquai ses yeux humides et ses mains tremblantes.

«Aujourd'hui», ajouta-t-elle, «la ligne Mason-Dixon est une espèce de frontière invisible entre le nord et le sud des États-Unis. Quand on quitte Washington et que l'on traverse cette frontière invisible pour entrer dans le Maryland, les choses ne sont plus les mêmes.»

La conversation prenait un tour bizarre et je n'y comprenais rien. Pourquoi cette nervosité dans son regard et sa voix?

«Le parc d'attractions Glen Echo est situé dans le Maryland», finit-elle par dire. «Et les Noirs n'y sont pas admis.» Elle me regarda sans dire un mot.

Pendant quelques secondes, je continuai de sourire et d'approuver de la tête avant de finalement comprendre ce que cela signifiait.

Je bredouillai: «Vous voulez dire que je ne peux pas aller au parc d'attractions... parce que je suis un nègre?»

Elle hocha lentement la tête. «Clifton, je suis désolée», dit-elle en prenant ma main. «Tu devras rester à l'hôtel ce soir. Aimerais-tu regarder un film à la télé avec moi?»

Je me dirigeai vers les ascenseurs, confus, sonné, furieux et terriblement triste. Lorsque j'entrai dans ma chambre, Frank me demanda: «Qu'est-ce qui se passe? La grosse femme nous a dénoncés?»

Sans dire un mot, j'allai m'étendre sur mon lit et j'éclatai en sanglots. Frank était stupéfait. Les garçons de notre âge ne pleurent pas, du moins pas devant leurs camarades.

Ma tristesse n'était pas seulement due au fait que j'allais rater cette aventure. Pour la première fois de ma vie, je prenais conscience de ce que ça pouvait signifier d'être un «nègre».

Bien sûr, il y avait de la discrimination dans le nord des États-Unis, mais jamais la couleur de ma peau ne m'avait empêché d'entrer dans un restaurant ou dans une église... ou dans un parc d'attractions.

Frank murmura: «Clifton, qu'est-ce que tu as?».

«Je ne pourrai pas aller au parc d'attractions Glen Echo ce soir», lui répondis-je entre deux sanglots.

«À cause du ballon plein d'eau?» demanda-t-il.

«Non, parce que je suis un nègre», répondis-je.

«Ouf!», lança Frank en éclatant de rire, visiblement soulagé de ne pas être puni pour notre mauvais tour. «Je croyais que c'était quelque chose de sérieux.»

Essuyant mes larmes avec la manche de ma chemise, je le foudroyai du regard: «C'est *très* sérieux. Les nègres ne sont pas admis au parc d'attractions. Je ne peux pas y aller avec toi!», hurlai-je. «Ça ne pourrait pas être plus sérieux pour moi.»

Juste au moment où j'allais pulvériser son stupide sourire en lui flanquant mon poing à la figure, je l'entendis dire: «Alors moi non plus, je n'irai pas.»

L'espace d'un instant, nous restâmes pétrifiés. Puis, Frank prit son air railleur. Je n'oublierai jamais ce moment. Frank n'était qu'un enfant. Comme moi, il mourait d'envie d'aller à ce parc d'attractions, mais il y avait quelque chose de plus important que cette excursion nocturne avec la classe. Il refusa toutefois d'en dire plus.

Le moment d'après, je ne sais trop comment, la chambre était remplie de camarades pendus aux lèvres de Frank. «Les Noirs ne sont pas admis au parc d'attractions», disait-il, «donc, je reste avec Clifton.»

«Moi aussi», répondit un garçon.

«Quels crétins!», grogna un autre. «Je suis de ton côté, Clifton.» Mon cœur s'emballa. Soudain, je n'étais plus seul. Une révolution en miniature se mettait en branle. La «brigade des ballons d'eau», composée de onze garçons blancs de Long Island, avait pris sa décision: «Nous n'irons pas au parc d'attractions.» En m'assoyant sur mon lit, je sentis mon cœur se gonfler de gratitude et, surtout, de fierté.

L'histoire de Dondre Green a réveillé ce souvenir de mon enfance. Ses coéquipiers de golf, tout comme mes camarades de classe, eurent une décision importante à prendre: allaient-ils rester solidaires de leur ami malgré ce qu'il leur en coûterait? Au moment de faire leur choix, cependant, personne n'hésita: «Fichons le camp d'ici!», murmura l'un d'eux.

«Ils ont tout simplement tourné le dos et marché en direction du minibus», poursuit Dondre. «Pas une seule voix dissidente. Même les jeunes recrues se sont jointes à nous sans discuter.»

Dondre fut abasourdi par la réaction de ses amis — et de tous les Louisianais. L'indignation gagna l'État tout entier qui tenta de réparer cet affront. La Chambre des représentants de la Louisiane proclama une Journée Dondre Green et adopta une loi permettant d'intenter des poursuites contre toute organisation ou groupe qui inviterait une équipe en excluant un des membres à cause de sa race.

À la fin de son allocution, les yeux de Dondre se remplirent de larmes. «J'ai beaucoup d'affection pour mon entraîneur et mes coéquipiers, car ils ont été solidaires. Cela prouve qu'il y aura toujours des gens biens qui sont prêts à s'élever contre l'intolérance. L'amour qu'ils ont manifesté à mon endroit ce jour-là viendra toujours à bout de la haine.»

Mes camarades de classe m'avaient eux aussi démontré ce genre d'affection. Alors que nous étions tous assis dans la chambre, une accompagnatrice entra avec une enveloppe à la main. «Les gars!» s'exclama-t-elle. «Je viens de dénicher 13 billets pour le match de baseball entre les Senators et les Tigers. Ça vous tente?»

La chambre retentit de hourras. Aucun de nous n'avait assisté à un match de baseball des ligues majeures dans un vrai stade.

Dans l'autobus qui nous emmenait au stade, le silence tomba lorsque le chauffeur s'arrêta un moment devant le Lincoln Memorial. Pendant quelques secondes, je contemplai entre les colonnes de marbre la statue de Lincoln qui scintillait sous les chauds rayons du soleil. Son visage était toujours aussi sérieux et ses yeux tristes et las, toujours aussi dénués d'espoir.

«... *Nous sommes inébranlablement résolus... que cette nation, sous la gouverne de Dieu, renaisse sous le signe de la liberté...*»

Les paroles et la vie de Lincoln indiquent clairement que la liberté a un prix. Chaque fois que la couleur de peau d'une personne l'empêche d'entrer dans un parc d'attractions ou d'emprunter les allées d'un club de golf, le combat pour la liberté recommence à nouveau. Parfois, le combat se déroule dans l'effusion de sang, mais le plus souvent, l'arme la plus efficace se résume à poser un geste de courage et d'amour.

Toutes les fois que j'entends les paroles que Lincoln a prononcées à Gettysburg, je me souviens de mes 11 amis blancs et l'espoir renaît en moi. J'aime m'imaginer que le soir où nous avons fait un arrêt au pied de son monument, Lincoln a pu enfin esquisser un sourire. Comme le disait Dondre, «L'amour qu'ils ont manifesté à mon endroit viendra toujours à bout de la haine.»

Clifton Davis
acteur, Amen

Une générosité contagieuse

On ne sait jamais quelle joie un simple geste de bonté peut faire naître.

Bree Abel

Par une journée magnifique, mes amis et moi prenons congé pour visiter le centre-ville de Portland et nous payer un petit moment de détente. Le temps est idéal pour un pique-nique; à l'heure du dîner, donc, nous décidons de casser la croûte dans un petit parc à l'ombre des gratte-ciel. Comme nous avons tous envie de manger quelque chose de différent, chacun part de son côté chercher ce qu'il désire avant de rejoindre les autres sur la pelouse du parc.

Lorsque mon amie Robby met le cap sur un kiosque à hot dogs, je décide de l'accompagner. Le préposé prépare un hot dog parfait, exactement comme Robby le veut. Toutefois, lorsqu'elle s'apprête à le payer, l'homme a une réaction étonnante.

«On dirait qu'il n'est pas suffisamment chaud», déclare-t-il. «Gardez votre argent. Ce sera ma bonne action de la journée.»

Nous le remercions, puis nous rejoignons nos amis au parc et mangeons avec appétit. Pendant que nous discutons, je remarque un homme seul assis tout près qui nous regarde. Il est évident qu'il ne s'est pas lavé depuis des jours. Sans doute un de ces nombreux clochards qui traînent dans les grandes villes. Ma réflexion à son sujet se limite toutefois à cette pensée.

Notre repas terminé, nous nous préparons à poursuivre notre visite du centre-ville. Dès que Robby et moi jetons dans la poubelle le sac qui contenait les restes de notre dîner, j'entends une voix forte demander: «Est-ce qu'il reste quelque chose à manger dans le sac?».

C'est l'homme qui nous avait observés. Je ne sais pas trop quoi lui répondre. «Non, il ne reste rien.»

«Ah bon» se contente de répondre le clochard d'une voix dénuée de honte. L'homme est de toute évidence affamé, incapable de supporter qu'on jette de la nourriture et habitué à poser cette question.

Cet homme me rend mal à l'aise, mais je me sens impuissante. Robby me dit alors: «Attends-moi. Je reviens dans une minute.» Et elle part en courant. Curieuse, je la regarde retourner au kiosque à hot dogs, devinant ce qu'elle s'apprête à faire. Elle revient avec un hot dog et le tend à l'homme affamé.

Une fois de retour parmi nous, Robby dit simplement: «J'ai rendu la bonne action qu'on a faite pour moi tout à l'heure.»

Ce jour-là, j'ai compris que la générosité peut être contagieuse. Quand on donne, on apprend aux autres à donner.

Andrea Hensley

Le masque

Je possède un masque qui partout me suit.
Il cache la vraie personne qui se trouve en moi.
J'ai si peur de ta réaction,
J'ai si peur de tes moqueries,
Que jamais je n'ose me montrer telle que je suis;
J'ai trop peur de perdre ton affection.

Ce masque, comme j'aimerais l'enlever!
Pour que tu puisses me voir réellement.
Je t'en supplie, essaie de comprendre.
J'ai tant besoin d'être acceptée.

Si tu es patient, si tu fermes les yeux,
Si tu comprends combien cela m'est difficile
De me montrer à toi telle que je suis,
Ce masque, je l'enlèverai peu à peu.

Aujourd'hui, mon masque est tombé.
Je me sens nue, démunie, glacée.
Si tu me portes une amitié pure comme de l'or,
Tu pourras, malgré tout ce que tu vois, m'aimer.

Pourtant, j'éprouve encore le besoin
De garder mon masque à portée de la main
Au cas où je voudrais de nouveau l'utiliser,
Au cas où quelqu'un décidait de me rejeter.

C'est pourquoi, mon ami, je te demande de me protéger,
Et je te remercie de m'aimer telle que je suis.
Mais s'il te plaît, mon masque, laisse-moi le garder
Jusqu'au jour où je m'aimerai moi aussi.

Bettie B. Youngs

Qu'est-ce que la vie?

Ce qui est important dans la vie, c'est la façon dont on se traite les uns les autres.

Hana Ivanhoe, 15 ans

Pendant toute ma dernière année d'école secondaire, j'avais attendu avec impatience le moment de participer à la retraite offerte aux finissantes de mon école. Le but de cette retraite était de nous permettre de parler de nos vies respectives et de discuter de nos problèmes et de nos préoccupations concernant l'école, les amis, les garçons et d'autres sujets. Vers la fin de l'année, j'eus finalement la chance de vivre cette expérience et nous eûmes des échanges vraiment formidables.

Lorsque je retournai à la maison après la retraite, j'éprouvais un sentiment de grande satisfaction. Cette retraite m'avait appris beaucoup de choses que j'allais pouvoir mettre en pratique dans ma vie. Je décidai de conserver dans mon journal intime toute la documentation que j'avais reçue pendant la retraite (c'est dans mon journal que je gardais certains de mes trésors les plus précieux). Puis, distraitement, je laissai mon journal sur le dessus de ma commode et finis de défaire mes bagages.

Je me sentais si bien que j'entrepris la semaine suivante avec de grands espoirs. Cette semaine-là se transforma toutefois en désastre. Une amie me blessa profondément, je me disputai avec ma mère et je commençai à m'inquiéter de mes résultats scolaires, surtout en français. Pour couronner le tout, je commençais à me faire du souci à propos du bal des finissants qui approchait.

Chaque soir, je pleurais jusqu'à épuisement. J'avais tant espéré que cette retraite me soit bénéfique et m'aide à chasser le stress. Mais il semblait bien qu'elle ne m'avait procuré qu'un soulagement temporaire.

Le vendredi matin, je me réveillai le cœur gros et l'humeur morose. J'étais en retard. Je m'habillai en toute hâte. Après avoir choisi des chaussettes, je refermai d'un coup sec le tiroir de ma commode, et mon journal que j'avais laissé dessus tomba par terre, éparpillant tout son contenu. En m'agenouillant pour ramasser ce fouillis, une des feuilles de papier attira mon attention. C'était la responsable de la retraite qui me l'avait donnée. Je dépliai la feuille et la lus.

La vie n'est pas une compétition. La vie n'a rien à voir avec ce que les autres disent de toi ou avec les garçons que tu as fréquentés, que tu fréquentes ou qui n'ont pas voulu te fréquenter. Elle n'a rien à voir non plus avec les garçons que tu as embrassés, avec les sports que tu pratiques, avec les personnes qui t'aiment ou ne t'aiment pas. La vie n'a rien à voir avec la marque de tes chaussures, ni avec la couleur de tes cheveux ou de ta peau, ni avec l'endroit où tu habites et l'école que tu fréquentes. En fait, elle n'a rien à voir avec les résultats scolaires, l'argent, les vêtements ou les collèges qui acceptent ou non ta candidature. Elle n'a rien à voir avec le nombre d'amis que tu as, ta popularité ou ta solitude. La vie, c'est tout simplement autre chose.

La vie, c'est qui l'on aime et qui l'on blesse. La vie, c'est l'image que l'on a de soi-même. La vie, c'est la confiance, le bonheur et la compassion. La vie, c'est la solidarité entre amis, c'est la transformation de la haine intérieure en amour. La vie, c'est le rejet de la jalousie, la victoire sur l'ignorance, l'établisse-

ment de la confiance. La vie, c'est ce que l'on dit et ce que l'on veut vraiment dire. La vie, c'est fréquenter les gens pour ce qu'ils sont et non pour ce qu'ils ont. Mais la vie, c'est surtout choisir d'utiliser sa propre existence pour forger des liens qu'on n'aurait jamais pu créer autrement. La vie se résume à faire ces choix.

Ce jour-là, je réussis haut la main mon examen de français. Puis, durant la fin de semaine, j'eus beaucoup de plaisir avec ma copine et je trouvai le courage d'adresser la parole à un garçon qui me plaisait depuis longtemps. Je passai également plus de temps avec ma famille et je m'efforçai d'écouter ma mère. Je dénichai même une robe extraordinaire pour le bal des finissants. Tout cela ne tenait pas du miracle ou de la chance. Il s'était produit un changement dans mon cœur et dans mon attitude. J'avais compris qu'à certains moments, il faut s'arrêter un peu et réfléchir aux choses qui comptent vraiment dans la vie.

Cette année est ma dernière avant l'université et je m'apprête à participer à la retraite destinée aux élèves de mon niveau. J'ai conservé dans mon journal cette feuille de papier qui m'a déjà aidée et que je consulte dès que je ressens le besoin de me rappeler ce qui est important dans la vie.

Katie Leicht, 17 ans

Dites-le pour moi

J'ai cherché mon âme
Mais nulle part je ne l'ai trouvée.
J'ai cherché Dieu
Mais insaisissable Il est resté.
J'ai cherché mon frère
Et tous les trois je les ai trouvés.

Source inconnue

Il y a environ 14 ans, j'observais les étudiants qui entraient dans ma classe pour assister à leur tout premier cours de théologie de la foi. C'est à ce moment-là que je vis Tommy. En passant la porte, il peignait sa chevelure qui lui descendait jusqu'aux omoplates. Ma première impression: quelqu'un d'étrange, de très étrange.

En fait, Tommy me donna bien du fil à retordre. À la possibilité d'un Dieu aimant et universel, il opposait toujours quelque objection ou quelque raillerie. Lorsqu'il me remit son dernier examen à la fin du semestre, il me demanda d'un air cynique: «Croyez-vous que je trouverai Dieu un jour?»

«Non», répondis-je d'un ton catégorique.

«Ah non? je pensais que cela était l'objet de votre cours...», ajouta-t-il.

Je le laissai faire quelques pas en direction de la porte, puis je lançai: «Je ne pense pas que tu le trouves un jour, mais lui te trouvera certainement.» Tommy haussa les épaules et sortit de la classe. J'étais un peu déçu que la finesse de ma remarque lui ait échappé.

Plus tard, j'appris avec joie que Tommy avait reçu son diplôme. Puis, arriva la triste nouvelle: Tommy souffrait d'un cancer en phase terminale. Avant même que je cherche à le rejoindre, il vint me rendre visite. Son corps était décharné et sa longue chevelure avait disparu à cause des traitements de chimiothérapie, mais ses yeux avaient conservé leur éclat et, pour la première fois, son ton était ferme.

«Tommy! J'ai beaucoup pensé à toi. J'ai appris que tu étais très malade», balbutiai-je.

«Oh oui! Très malade. J'ai un cancer. Il me reste quelques semaines à vivre.»

«Aimerais-tu que nous en parlions?»

«D'accord. Qu'aimeriez-vous savoir?»

«Comment se sent-on quand on a 24 ans et qu'on sait la fin proche?»

«Ça pourrait être pire; par exemple, je pourrais avoir 50 ans et penser que l'alcool, les femmes et l'argent sont ce qu'il y a de plus important dans la vie», répondit-il. Puis il me confia l'objet de sa visite.

«Je suis venu à cause de ce que vous m'avez dit à la fin du semestre. Je vous avais demandé si je trouverais Dieu un jour et vous aviez répondu non, ce qui m'avait étonné. Puis vous aviez ajouté "Mais lui te trouvera certainement". J'y ai beaucoup réfléchi depuis, même si ma quête de Dieu était loin d'être intense à l'époque.

«Quand les médecins m'ont enlevé la bosse que j'avais à l'aine et qu'ils ont découvert que c'était une tumeur maligne, j'ai sérieusement commencé à chercher Dieu. Et lorsque le cancer s'est propagé dans mon corps, je me suis mis à frapper comme un fou aux portes de bronze du paradis. Mais rien ne s'est produit. Puis, l'autre jour, en me réveillant, j'ai décidé d'abandonner, de ne plus attendre quelque message que ce soit. J'ai décidé que je me fichais de Dieu, de la vie après la mort et de toutes les choses du genre.

«J'ai décidé que le temps qu'il me restait à vivre, je le consacrerais à quelque chose de plus important. J'ai pensé à vous et à une phrase que vous aviez dite en classe: "Rien n'est plus triste que de vivre sans aimer. Et il est presque aussi triste de quitter ce monde sans avoir dit aux êtres qui vous sont chers que vous les aimez." J'ai donc décidé de commencer par le cas le plus difficile: mon père.»

Le père de Tommy lisait le journal quand son fils s'était approché pour lui parler.

«Papa, j'aurais quelque chose à te dire.»

«Très bien, je t'écoute.»

«Quelque chose de vraiment important.»

Il avait levé les yeux de son journal. «Qu'est-ce qu'il y a?»

«Je t'aime papa. Et je voulais seulement que tu le saches.»

Tommy poursuivit son anecdote le sourire aux lèvres: «Eh bien, mon père a laissé tomber son journal par terre et il a fait deux choses que je ne l'avais jamais vu faire: il s'est mis à pleurer et m'a pris dans ses bras. Nous avons parlé ensemble toute la nuit, même s'il devait se lever le lendemain matin pour aller travailler.

«Cela a été plus facile avec ma mère et mon petit frère», poursuivit Tommy. «Nous avons pleuré ensemble, nous nous sommes embrassés, puis nous nous sommes révélé des choses que chacun avait gardées secrètes pendant trop longtemps. Mon seul regret, c'était d'avoir tant tardé à le faire. Voilà où j'en étais: l'ombre de la mort planait au-dessus de moi et je commençais tout juste à m'ouvrir aux gens qui me tenaient à cœur.

«Un beau jour, j'ai levé les yeux et Dieu était là. Lui qui ne s'était pas révélé à moi quand je l'en suppliais, voilà qu'il m'apparaissait au moment que lui jugeait opportun. Bref, ce qui importe, c'est que vous aviez raison. Dieu m'a trouvé alors même que j'avais cessé de le chercher.»

J'en eus presque le souffle coupé. «Tommy, je crois que tu es en train de me dire quelque chose de beaucoup plus universel que tu le penses. Ce que tu es en train de dire, c'est que le moyen le plus sûr de trouver Dieu consiste non pas à se l'approprier ou à s'en servir comme réconfort instantané lors d'une épreuve, mais à s'ouvrir à l'amour.

«Tommy», ajoutai-je, «j'aurais une faveur à te demander. Pourrais-tu venir à mon cours de théologie et répéter à mes étudiants ce que tu viens de me dire?»

Nous avions convenu d'une date, mais la mort rattrapa Tommy.

Bien sûr, sa vie ne s'éteignit pas avec son décès; elle se transforma. Tommy avait fait un pas de géant en passant de la foi à la vision de Dieu. Sa vie actuelle est plus merveilleuse qu'on ne pourrait jamais l'imaginer.

Avant sa mort, nous eûmes la chance de discuter ensemble une dernière fois. «Je ne crois pas être en mesure de parler à vos étudiants», m'avait-il dit.

«Je sais, Tommy.»

«Dites-le pour moi. En fait, dites-le au monde entier.»

«Ne t'inquiète pas, Tommy. Je le leur dirai.»

John Powell, s.j.

Les gens d'abord

Plus nous savons, mieux nous pardonnons. Celui qui sent profondément les choses les sent pour tous ceux qui vivent.

Madame de Staël

Craig, un bon ami à moi pendant mes études supérieures, n'avait pas son pareil pour mettre de l'énergie et de la vie partout où il se trouvait. Il prêtait toujours une oreille attentive quand on lui parlait, et nous faisait sentir importants. Tout le monde l'adorait.

Un jour ensoleillé d'automne, Craig et moi étions assis dans la salle d'étude où nous allions toujours. Je regardais distraitement par la fenêtre quand j'aperçus un de mes professeurs qui traversait le stationnement.

«Je n'aimerais pas me trouver sur son chemin», dis-je.

«Et pourquoi?», demanda Craig.

Je lui expliquai qu'au semestre précédent, nous nous étions quittés en mauvais termes. J'avais pris ombrage d'une suggestion qu'il m'avait faite et je lui avais répondu impoliment. «De toute façon, ce type ne m'aime pas», ajoutai-je.

À son tour, Craig jeta un coup d'œil par la fenêtre. «Tu te trompes peut-être», dit-il. «Peut-être que c'est toi qui lui tournes le dos et peut-être le fais-tu par peur. Il croit probablement que tu ne l'aimes pas, et c'est pour ça qu'il te semble hostile. Les gens aiment ceux qui les aiment. Si tu t'intéresses à lui, il s'intéressera probablement à toi. Allez, va lui parler.»

Les paroles de Craig ne tombèrent pas dans l'oreille d'un sourd. Non sans hésitation, je sortis et me rendis au stationnement. Je saluai chaleureusement le professeur et lui demandai s'il avait passé un bel été. Il me regarda, visiblement étonné. Nous fîmes quelques pas ensemble en discutant, et j'imaginais Craig observant en souriant la scène depuis la fenêtre.

Craig venait de m'expliquer un concept simple, si simple en fait que je me demandai pourquoi je n'y avais jamais songé avant. Comme la plupart des jeunes, je n'étais pas très sûr de moi et j'avais toujours peur qu'on me juge. La réalité, c'est que les autres aussi se demandaient quel jugement je porterais sur *eux*. Depuis ce jour-là, au lieu de craindre les gens, je me dis qu'ils ont besoin d'entrer en relation avec les autres et de parler d'eux-mêmes. C'est ainsi que j'ai découvert une foule de gens que je n'aurais jamais connus autrement.

Un jour, par exemple, à l'occasion d'un voyage en train à travers le Canada, j'abordai un homme que tout le monde évitait parce qu'il titubait et mâchait ses mots comme s'il était ivre. En fait, cet homme avait été victime d'un accident vasculaire cérébral. Ingénieur, il avait travaillé sur cette même ligne de chemin de fer que notre train parcourait; pendant une bonne partie de la nuit, il me raconta donc la petite histoire de cette voie ferrée, kilomètre par kilomètre. Ainsi, il m'apprit que Pile O'Bones Creek avait été nommé ainsi à cause des milliers d'ossements de bisons laissés là par des chasseurs amérindiens; il me raconta la légende de Big Jack, un poseur de voie ferrée capable de soulever des rails de 250 kilos; il me parla aussi d'un conducteur de train du nom de McDonald qui avait un lapin comme animal de compagnie à bord de sa locomotive.

Lorsque l'aube commença à pointer, il me prit la main et me regarda droit dans les yeux. «Merci de m'avoir écouté. La plupart des gens ne s'en donnent pas la peine.» Ses remerciements étaient inutiles. Tout le plaisir avait été pour moi.

Une autre fois, à une intersection achalandée de la ville d'Oakland, en Californie, des gens m'abordèrent pour me demander leur chemin. C'étaient des touristes originaires d'une région reculée de la côte ouest de l'Australie. Je leur posai des questions sur leur vie là-bas. Finalement, nous allâmes dans un café et ils me régalèrent d'histoires au sujet de leurs énormes crocodiles «qui ont le dos large comme le capot d'une voiture».

Chaque rencontre peut devenir une aventure, chaque personne peut se transformer en leçon de vie. Riches ou pauvres, puissants ou seuls, tous les gens ont des rêves et des doutes, comme moi. Et tous ont une histoire unique à raconter pour autant que je leur prête une oreille attentive.

D'autres exemples? Une fois, un vieux clochard mal rasé me raconta comment il était parvenu à nourrir sa famille pendant la crise des années 1930 en tirant des coups de fusil de chasse dans un étang pour ensuite ramasser les poissons assommés qui remontaient à la surface. Une autre fois, un patrouilleur de la circulation me confia qu'il avait appris ses gestes en observant les toréadors et les chefs d'orchestre. Une autre fois encore, une jeune coiffeuse me parla d'un de ses petits bonheurs à elle: elle allait dans une maison de retraite et coiffait des personnes âgées que cela rendait visiblement heureuses.

Trop souvent, nous laissons de belles occasions nous glisser entre les doigts. La fille au physique ingrat ou le garçon mal habillé ont tout autant que toi une histoire à raconter. Et tout comme toi, ils rêvent qu'on les écoute.

Voilà ce que savait mon ami Craig. Aime d'abord les gens, ensuite tu pourras leur poser des questions. Tu verras que toute la lumière que tu projettes sur les autres reviendra illuminer ta vie.

Kent Nerburn

Les lilas fleurissent tous les printemps

Au fond, tout ce qu'on veut, c'est d'être aimé.

Jamie Yellin, 14 ans

Aujourd'hui (je pousse ici un soupir), rien ne va plus pour moi. On dirait que je perds prise sur la réalité, mais par-dessus tout, j'anticipe avec effroi mon cours de psychologie qui commence dans une heure. Le prof nous fait travailler sur un projet stupide: on doit apporter en classe une photo qui représente un moment heureux de notre enfance.

Je n'ai eu aucune difficulté à choisir une photo — en fait, je savais dès le départ laquelle j'apporterais. Sur ma commode trônait un portrait encadré de grand-maman Sherrie, aujourd'hui décédée, et de moi à l'âge de huit ans. C'était le printemps et nous avions parcouru un long trajet en autobus pour assister à un festival du lilas. Nous avions passé l'après-midi à humer des lilas en fleurs, les yeux fermés. C'est un vieil homme plutôt rigolo qui avait pris la photo. Il nous avait même raccompagnées jusqu'à l'autobus en nous racontant des histoires tordantes. Nous ne l'avons jamais revu et en rétrospective, je me demande s'il n'était pas un peu amoureux de grand-maman Sherrie.

En attendant le début de mon cours, je regarde cette photo qui ne rend pas justice à la beauté de ma grand-mère. Ses cheveux sont argentés, raides et courts; ses yeux bruns ont l'air un peu sortis de leur orbite; son nez est trop gros et son front, trop haut. Elle semble de petite taille et un peu voûtée. À ses côtés, lui tenant la main, se trouve une réplique d'elle, en plus petit et en plus jeune, c'est-à-dire moi. Elle et moi avions les mêmes pieds, étroits et maigres, terminés par des orteils incroyablement longs. Mais ça, c'est du passé. Aujourd'hui, je peux encore me moquer de mes pieds ridicules, sauf qu'elle n'est plus là pour en rire avec moi. Avec son décès, il y a deux ans, tout un pan de ma vie a disparu.

C'est donc la seule photo que je pouvais apporter. Je ne veux pas rater l'occasion qui m'est donnée de la ramener un peu à la vie, de célébrer l'influence qu'elle a eue sur mon existence, même si je sais que peu de mes camarades, sinon aucun, sauront apprécier ce cadeau que je suis bêtement impatiente de partager avec eux.

Je m'assois à mon pupitre, soulagée d'être arrivée dans la classe. Je ne sais pourquoi, les couloirs de l'école sont l'endroit où je me sens le plus seule. Lorsqu'il y a beaucoup de monde autour de moi, j'éprouve trop intensément le sentiment d'être différente d'eux. Je n'ai personne avec qui me balader ou échanger les derniers potins. Je croise chaque jour les mêmes gens; je les effleure même, parfois. Mais ils restent pour moi des étrangers avec lesquels je n'échange pas même un regard.

Pendant que les autres élèves entrent dans la classe, je reste assise avec la photo posée sur mes cuisses, encadrée par mes mains. *Pourquoi n'ai-je pas apporté une autre photo? Pourquoi étais-je si certaine de trouver les mots qui exprimeraient ce qu'elle représente pour moi?*

L'institutrice prend sa place devant nous. Je ne l'aime guère et c'est réciproque. Elle préfère les élèves qui restent après la classe pour parler de leurs petits amis ou pour se plaindre de l'heure à laquelle leurs parents les obligent à rentrer. Quand c'est moi qui reste, c'est pour lui montrer des articles qui parlent de nouveaux traitements contre l'autisme. J'aimerais qu'elle m'aime, même si je n'éprouve aucun respect à son endroit.

Elle invite des volontaires à présenter leur travail. Elle me lance un sourire entendu, confiante que je suis prête à briser la glace. Je me lève. J'entends une voix derrière moi:

«Je parie qu'elle a apporté une photo de sa première collection d'encyclopédies», dit un élève à la blague. *Désolée, celle-là est encadrée au-dessus du foyer.*

Ces yeux, tous ces yeux posés sur moi et dont l'expression vide laisse deviner une observation dénuée d'attention ou de réflexion.

«Voici une photographie de grand-mère Sherrie et moi. J'avais huit ans. Elle m'avait emmenée à un festival du lilas, un événement annuel.» *Événement? J'aurais pu trouver un mot plus approprié.* «On y avait vu toutes sortes de lilas, des variétés rares et des variétés plus communes, des lilas roses, violets ou blancs. C'était magnifique.» *Comme c'est ennuyant mon truc...*

Je regarde la photo. On y voit une femme et une fille, main dans la main, entourées d'une haute haie parsemée de lilas violets. Elles semblent prêtes à courir le vaste monde et à le conquérir, ensemble, chaussées de leurs confortables souliers de marche.

«Quand je regarde cette photo, je peux presque encore sentir le parfum des lilas. Surtout ces jours-ci, parce que c'est le printemps. Cette sortie avec ma grand-mère était parfaite. À notre retour à la maison, elle m'avait préparé des spaghettis et m'avait même permis de mettre des brisures de chocolat sur ma crème glacée...» En m'éloignant ainsi du sujet, je perds le peu d'auditoire qu'il me restait.

«Comme je le disais, la journée était parfaite. Je n'ai pas eu beaucoup de journées comme cela par la suite. J'avais neuf ans lorsque ma grand-mère est tombée malade...» Soudain, des larmes coulent sur mes joues. «... et elle ne s'est jamais rétablie.» C'est le temps de prendre mes jambes à mon cou, de fuir, ou à tout le moins de retourner m'asseoir.

Je m'écrase sur ma chaise, les doigts agrippés à la photo. Aucun applaudissement. L'institutrice, se forçant un peu trop pour paraître gaie, s'empresse aussitôt d'appeler un autre élève. Le cours de psychologie se termine enfin, après ce qui me semble être une éternité. Je me dépêche de me fondre dans le chaos tourbillonnant qui règne dans le couloir.

Une journée à oublier.

Comme on dit souvent, toutefois, demain est un autre jour. Malheureusement, pour moi, cela signifie qu'il ne sert à rien de vivre le présent puisque tout sera à recommencer dans moins de 24 heures.

Vingt-quatre heures ont passé, je me retrouve encore devant la porte de mon cours de psycho et je me sens exactement comme hier. La seule différence, c'est que je viens d'échapper mon cartable et que tout son contenu s'est éparpillé aux quatre vents. Tout le monde me regarde. La veille, j'ai transgressé deux règles extrêmement importantes: non seulement ai-je étalé mes sentiments, mais j'ai également osé montrer que j'attachais beaucoup d'importance à quelque chose d'aussi futile qu'une grand-mère. C'est tout à fait moi: un jour, je suis invisible, le lendemain, je suis la risée de l'école. Rien de bien enviable. Je me rends à mon pupitre. Quelqu'un a déposé un sac de papier sur ma chaise. Certaine d'y trouver un survêtement de gymnastique et des espadrilles malodorantes, je regarde sans réfléchir à l'intérieur du sac.

Oh mon dieu! J'ai l'impression que je vais m'évanouir.

Le sac est rempli de branches de lilas. Je les sens jusqu'au fond de mon âme, je les sens avec une partie de moi que je croyais flétrie et disparue à jamais. *Suis-je en train de rêver?* Je regarde autour de moi (tous mes compagnons de classe me lancent le même regard vide qu'hier, mais parmi eux se cache sûrement un quelconque rebelle sentimental). Oui, mais qui?

J'enlève le sac pour m'asseoir. L'institutrice s'impatiente.

«Alors, les amis, on commence? Vos présentations d'hier seront notées...»

Parmi les fleurs se trouve une feuille de papier. Je la déplie et y trouve les deux phrases suivantes.

Nous trouverons bien un jour notre droit d'exister.
En attendant, les lilas fleurissent à chaque année.

blue jean magazine

5

L'APPRENTISSAGE

À l'école, on m'a enseigné à apprendre
dans la classe comme à l'extérieur de la classe.
Sinon, comment aurais-je pu apprendre
à grimper, à me balancer, à sauter à la corde ?
Comment aurais-je pu apprendre
à me faire de nouveaux amis ?

Jessie Braun, 18 ans

La leçon d'une vengeance

De toutes les expériences que tu vis, retiens seulement la sagesse qu'elles renferment.

Mark Twain

Robby Rogers... mon premier amour. Et quel type formidable! Aimable, honnête, intelligent. En fait, plus je pense à lui, plus je découvre des raisons de l'avoir aimé comme je l'ai aimé. Nous nous sommes fréquentés pendant toute une année, et comme vous le savez, à l'école secondaire, une année est une éternité.

Je ne me rappelle plus pourquoi je n'étais pas allée à la soirée organisée par Nancy ce samedi-là, mais je me souviens que Robby et moi avions convenu de nous rencontrer après. Il était censé me rejoindre chez moi aux environs de 22 h 30. À 23 h, je commençai à m'inquiéter, car Robby était quelqu'un de très ponctuel. Je sentais que quelque chose n'allait pas.

Le lendemain matin, son coup de fil me réveilla. «Il faut que je te parle. Je peux venir?»

J'avais envie de répondre «Non, je ne veux pas que tu viennes ici et que tu m'annonces une mauvaise nouvelle.» Mais je répondis «Bien sûr!» et je raccrochai le combiné, la gorge serrée.

J'avais vu juste. «J'ai rencontré Sue Roth hier soir», m'avoua-t-il, «et je sors avec elle maintenant.» Il balbutia ensuite les excuses habituelles: «Je suis si confus, Kim, je ne voudrais pas te faire de mal. Je t'aimerai toujours.»

Mon teint pâlit sûrement, car je sentis mon visage se vider de son sang. En fait, ma réaction m'étonna; j'aurais cru réagir différemment. Je bouillais d'une telle colère que j'arrivais à peine à articuler mes mots, et mis à part la douleur qui me transperçait le cœur, tout semblait se dérouler comme au ralenti.

«Kim, allez, ne le prends pas comme ça. On va rester bons amis, n'est-ce pas?»

Rien n'est plus cruel à entendre que ces mots quand on vient de se faire plaquer par son petit ami. Je l'avais aimé de tout mon cœur, lui avais révélé toutes mes faiblesses et toute ma vulnérabilité, sans compter ces quatre heures quotidiennes que je lui avais consacrées depuis un an (conversations téléphoniques non incluses). J'aurais voulu lui faire du mal, encore et encore, jusqu'à ce qu'il se sente aussi moche que moi en ce moment précis. Au lieu de cela, je lui ordonnai de s'en aller en lui lançant une remarque sarcastique du genre «Je crois entendre Sue qui t'appelle».

Je me couchai dans mon lit et pleurai toutes les larmes de mon corps; j'avais si mal que rien ne pouvait m'apaiser, pas même un plein contenant de 2 L de crème glacée. Je fis jouer et rejouer toutes nos chansons favorites, je me torturai en me remémorant les moments tendres et les mots doux. Puis, après m'être rendue malade de souvenirs, m'abandonnant sans honte aucune à l'apitoiement, je pris une décision.

Je voulais ma revanche.

J'échafaudai le plan suivant: Sue Roth est, ou plutôt était, une de mes meilleures amies. Or, on ne profite pas de l'absence de sa meilleure amie pour lui chiper son amoureux. Son crime ne devait pas rester impuni.

Le week-end suivant, j'achetai plusieurs douzaines d'œufs et me rendis chez Sue en compagnie de quelques amies. Au début, lancer des œufs sur sa maison m'aida à évacuer une partie de ma colère, mais à un moment donné, je perdis complètement la tête. Lorsqu'une de mes complices aperçut une fenêtre laissée entrouverte au sous-sol, nous y jetâmes tous les œufs qui nous restaient. Le pire, toutefois, c'est que les Roth étaient partis pour trois jours!

Le soir, étendue sur mon lit, je me mis à réfléchir à ce que nous avions fait. *C'est très méchant, Kim... vraiment méchant.*

Rapidement, la nouvelle se répandit dans toute l'école: Sue était désormais la petite amie de Robby *et* quelqu'un avait bombardé d'œufs sa maison *et* l'odeur était si nauséabonde que ses parents avaient dû engager des professionnels pour nettoyer le tout.

Dès mon retour de l'école, j'aperçus ma mère qui m'attendait pour me dire deux mots. «Kim, le téléphone a sonné toute la journée. Je ne sais pas quoi te dire. Je t'en prie, dis-moi la vérité. Es-tu responsable de ce gâchis?»

«Non maman, ce n'est pas moi». J'eus mauvaise conscience de lui mentir ainsi.

Ma mère, furieuse, téléphona à Mme Roth. «C'est Ellen à l'appareil. J'exige que vous cessiez immédiatement d'accuser ma fille d'avoir lancé des œufs chez vous.» Elle se mit alors à hurler sa colère. «Kim ne ferait *jamais* une chose pareille. Cessez de dire qu'elle en est coupable.» Elle était maintenant déchaînée. «Et qui plus est, *je veux que vous fassiez des excuses à ma fille!*»

De voir ainsi ma mère se porter à ma défense me fit plaisir, mais je me sentis terriblement mal à l'aise. J'étais submergée de sentiments contradictoires; je savais que je devais lui dire la vérité. Je fis signe à ma mère de raccrocher.

Elle raccrocha et vint s'asseoir à la table. Elle avait compris. J'éclatai en sanglots et lui dit à quel point j'étais désolée. Elle se mit également à pleurer. J'aurais préféré qu'elle se fâche, mais elle avait épuisé toute sa colère sur le dos de Mme Roth.

Je téléphonai donc à Mme Roth pour lui dire que je la rembourserais pour tous les dommages qu'ils avaient subis. Je la paierais à même les économies que j'avais faites en gardant des enfants. Elle accepta, mais elle me dit d'attendre qu'elle soit prête à me pardonner avant de venir la rencontrer.

Ce soir-là, ma mère et moi veillâmes jusqu'à tard dans la nuit, à parler et à pleurer. Elle me raconta comment son petit ami l'avait un jour laissée tomber pour sa sœur. Elle me confia que malgré l'énorme bêtise que j'avais commise, les propos de Mme Roth l'avait rendue furieuse. «Après tout, elle n'a pas soufflé mot du fait que sa fille t'ait volé ton petit ami?», dit maman.

Elle m'avoua ensuite combien le rôle de parents peut être difficile. Elle m'expliqua que les parents voudraient parfois hurler après ceux qui font du mal à leur enfant, mais que cela leur est impossible. Ils doivent rester à l'écart et se contenter d'observer pendant que l'enfant encaisse les dures leçons de la vie.

Je confiai à ma mère que j'avais éprouvé une sensation extraordinaire en l'entendant prendre ma défense au téléphone. L'aube commençait à poindre et je lui dis combien j'appréciais d'avoir passé la nuit avec elle à discuter. Elle me prit dans ses bras et déclara: «Parfait. Samedi prochain et le samedi suivant, tu resteras à la maison avec moi. De toute façon, t'avais-je dit que tu es en retenue pour les deux prochaines semaines?».

Kimberly Kirberger

Le prix du mensonge

Rien n'enseigne avec aussi peu de ménagement que l'expérience. Mais tu apprends, Dieu que tu apprends.

C.S. Lewis

J'ai grandi à Estepona, un petit village du sud de l'Espagne. J'avais 16 ans lorsqu'un beau matin, mon père m'annonça que je pouvais le conduire en voiture jusqu'à Mijas, un village reculé situé à 25 kilomètres de chez nous, à condition que j'aille ensuite porter la voiture dans une station-service du coin pour en faire faire l'entretien. Comme je venais tout juste d'obtenir mon permis de conduire et que je n'avais pratiquement jamais l'occasion de prendre la voiture, j'acceptai avec empressement. Je conduisis donc papa à Mijas après lui avoir promis de revenir le chercher en fin d'après-midi. Puis, comme convenu, je laissai la voiture à la station-service. J'avais quelques heures devant moi et décidai d'aller voir des films au cinéma d'à côté. Les films m'absorbèrent à un point tel que je perdis toute notion du temps. Quand le dernier film prit fin, je jetai un coup d'œil à ma montre: six heures! J'étais en retard de deux heures!

Je savais que papa serait furieux d'apprendre que j'étais allé au cinéma. Il ne me prêterait sûrement plus la voiture. Je décidai donc de lui faire croire que la voiture avait eu besoin de réparations. Arrivé à Mijas, j'aperçus papa qui attendait patiemment au coin d'une rue. Je m'excusai du retard et lui racontai que des réparations importantes à effectuer sur la voiture m'avaient retardé. Je n'oublierai jamais le regard qu'il me lança.

«Je suis déçu que tu sentes le besoin de me mentir ainsi, Jason.»

«Qu'est-ce que tu veux dire? C'est pourtant la vérité!»

Papa me regarda dans les yeux. «Quand j'ai vu que tu n'arrivais pas, j'ai téléphoné à la station-service pour leur demander s'il y avait des problèmes. Ils m'ont répondu que tu n'étais pas encore passé prendre la voiture. Comme tu vois, je sais qu'il n'y a eu aucun problème avec l'auto.» Un sentiment de honte m'envahit pendant que je confessai d'une voix à peine audible mon excursion au cinéma et la vraie raison de mon retard. Papa m'écouta avec attention; la tristesse se lisait sur son visage.

«Je suis en colère. Pas envers toi, mais envers moi-même. Vois-tu, si tu ressens le besoin de me mentir ainsi, c'est parce que j'ai échoué dans mon rôle de père. J'ai échoué parce que j'ai devant moi un fils qui est incapable de dire la vérité à son propre père. Je vais rentrer à pied pour réfléchir aux erreurs que j'ai pu faire comme père.»

«Mais papa, on est à 25 kilomètres de chez nous et il fait noir! Tu ne peux pas rentrer à pied.» Malgré mes protestations et mes excuses, il resta inébranlable. J'avais déçu mon père et la vie était sur le point de m'administrer une de ses leçons les plus douloureuses. Mon père se mit donc en route sur le chemin poussiéreux. Je sautai dans la voiture et le suivis dans l'espoir qu'il change d'idée. Pendant tout le trajet, je le suppliai et lui répétai que j'étais navré, mais il fit semblant de ne pas m'entendre, poursuivant sa route en silence, l'air pensif et affligé. Je le suivis durant plus de 3 heures, à raison de 8 km/h environ.

La vue de mon père qui avait mal autant dans son corps que dans son âme fut l'expérience la plus éprouvante de ma vie. Mais elle fut aussi la plus instructive: je n'ai plus jamais menti à mon père.

Jason Bocarro

Le coût de la gratitude

J'avais 13 ans. À cette époque, mon père faisait souvent de brèves escapades avec moi le samedi. Nous allions parfois nous balader dans un parc, parfois contempler les bateaux amarrés à la marina. Cependant, ce que je préférais, c'était de flâner dans les magasins de matériel électronique usagé. Quelquefois, nous achetions un truc à cinquante cents pour le seul plaisir de le démonter par la suite.

Avant de rentrer à la maison, papa faisait souvent un arrêt à la crémerie pour acheter des glaces à 10 cents. Nous n'y allions pas toujours, mais juste assez souvent. Je ne savais jamais à l'avance ce que mon père déciderait; aussi, lorsque nous arrivions à une certaine intersection, j'espérais et je priais qu'il continue tout droit en direction de la crémerie plutôt que de tourner et de rentrer les mains vides. Chaque fois que nous approchions de cette intersection, ou je salivais d'excitation, ou je soupirais de dépit.

Parfois, mon père me taquinait en prétendant prendre le trajet le plus long pour revenir à la maison. «Je prends ce chemin pour varier un peu», disait-il alors en passant devant la crémerie sans arrêter. Tout cela n'était qu'un jeu, sans compter que je ne manquais de rien, alors ne pensez surtout pas que mon père me torturait.

Les jours chanceux, il me demandait d'une voix qui feignait l'inédit et la spontanéité: «Et si on mangeait une glace?». Je répondais: «Excellente idée, papa!». Je choisissais invariablement une glace au chocolat et lui, une glace à la vanille. Il me donnait alors 20 cents et je partais au pas de course acheter les glaces que nous mangions ensuite dans la voiture. Comme j'aimais mon père et que j'adorais les glaces au chocolat, j'étais au septième ciel.

Puis, arriva ce jour fatidique où, en route vers la maison, j'espérais encore une fois entendre les mots magiques de mon père. Il les prononça: «Et si on mangeait une glace?».

«Excellente idée, papa!».

Or, cette fois, il ajouta: «Moi aussi, je trouve l'idée excellente, fiston. Et si c'était toi qui m'invitais aujourd'hui?».

Deux glaces coûtaient 20 cents! Vingt cents! Mon esprit vacilla. Certes, j'en avais les moyens. Mon père me donnait 25 cents par semaine en argent de poche, plus quelques bonus qu'il me versait pour de menus travaux, et j'avais des économies puisque mon père me répétait sans cesse l'importance d'économiser. Toutefois, comme il s'agissait de mon argent, l'achat de deux glaces m'apparut comme une dépense superflue.

Comment se fait-il que je n'eus pas l'idée de profiter de cette occasion en or pour manifester ma gratitude envers la générosité de mon père? Comment se fait-il que je ne songeai même pas au fait qu'il m'avait offert des dizaines de glaces et moi, pas une seule? La réalité, c'est que j'étais obnubilé par les «20 cents».

Dans un élan d'égoïsme et d'ingratitude assez pitoyable, je lançai ces mots terribles qui m'écorchent encore aujourd'hui les oreilles. «Sais-tu, je crois que je vais passer mon tour aujourd'hui.»

Mon père se borna à répondre: «Comme tu veux, mon garçon.»

Aussitôt qu'il prit le virage pour rentrer à la maison, cependant, je pris conscience de mon erreur et suppliai mon père de rebrousser chemin. «D'accord, papa, c'est moi qui paierai!», ajoutai-je. Mais mon père répondit: «Ne t'en fais pas, on peut très bien s'en passer.» Il fit la sourde oreille à mon plaidoyer et poursuivit son chemin.

J'avais honte d'avoir montré tant d'égoïsme et d'ingratitude. Papa n'insista pas, ni ne laissa paraître la moindre déception, mais il n'avait pas besoin de faire quoi que ce soit pour me faire sentir plus misérable.

Ce jour-là, j'ai appris que la générosité doit être réciproque et que la gratitude ne se résume pas à dire «merci». Ce jour-là, la gratitude m'aurait coûté 20 cents et m'aurait permis de manger la meilleure glace de ma vie.

Une dernière chose. La semaine d'après, nous fîmes une autre excursion et lorsque nous approchâmes de l'intersection fatidique, ce fut moi qui demandai: «Papa, si on mangeait une glace? C'est ma tournée aujourd'hui.»

Randal Jones

«J'ai comme l'impression que vous êtes à la recherche d'une carrière où l'apparence compte pour beaucoup.»

Mémento

1. Je n'ai pas à plaire à tout le monde.

Je ne suis pas obligé de plaire à tout le monde. Je n'aime pas nécessairement tout le monde que je connais, alors pourquoi en serait-il autrement pour les autres? J'aime que l'on m'aime, mais si une personne ne m'aime pas, ce n'est pas la fin du monde et cela ne m'empêche pas de me considérer comme quelqu'un de bien. Je ne peux contraindre personne à m'aimer, tout comme personne ne peut m'obliger à l'aimer. Je ne cherche pas l'approbation des autres à tout prix. Si quelqu'un me désapprouve, je suis quand même quelqu'un de bien.

2. J'ai le droit de faire des erreurs.

Nous commettons tous des erreurs, et je reste quelqu'un de bien même si j'en commets une. Il est inutile de me mettre en colère quand je commets une erreur. Je fais de mon mieux et si je fais une erreur, je continue de faire de mon mieux. Les autres ont également le droit à l'erreur. J'accepte mes erreurs et j'accepte les erreurs des autres.

3. Nous sommes tous des gens bien.

Les gens qui font des choses qui me déplaisent ne sont pas forcément mauvais. Ce n'est pas parce que leurs gestes me déplaisent qu'ils méritent un châtiment. Je n'ai pas le droit d'exiger des autres qu'ils se plient à mes désirs, pas plus que personne n'a le droit d'exiger que je me plie aux leurs. Tout le monde a le droit d'être ce qu'il veut être et j'ai le droit d'être ce que je veux être. Je ne peux ni dominer les autres, ni les changer. Ils sont ce qu'ils sont: nous avons tous droit à cette forme de respect fondamentale.

4. Je ne suis pas tenu de tout contrôler.

Ce n'est pas la fin du monde si les choses ne se passent pas comme je le voudrais. Je peux accepter les choses telles qu'elles sont, accepter les gens tels qu'ils sont et m'accepter moi-même tel que je suis. Rien ne justifie que je me sente contrarié de ne pouvoir changer les choses qui ne satisfont pas mes attentes. Je ne suis pas obligé de tout aimer. Je peux toutefois accepter les choses que je n'aime pas.

5. Je suis responsable de mon existence.

Je suis responsable de mes sentiments et de mes actes. Personne ne peut éprouver mes sentiments à ma place. Si j'ai une mauvaise journée, moi seul ai permis qu'elle le soit. Si j'ai une bonne journée, moi seul en suis responsable. Personne n'est obligé de changer pour que je me sente mieux. Ma vie repose entre mes mains.

6. Je peux traverser les périodes difficiles.

Je n'ai pas besoin d'attendre que les choses se gâtent. Règle générale, les choses vont bien; et lorsqu'elles vont mal, je peux passer au travers. Je ne suis pas obligé de gaspiller mes énergies à me faire du souci. Le ciel ne me tombera pas sur la tête. Les choses finissent par s'arranger.

7. L'important, c'est d'essayer.

Je suis capable. Même si la tâche semble difficile, il vaut mieux essayer de l'accomplir qu'essayer de l'éviter. Refuser les défis m'enlève toute chance de réussir et tout plaisir; si j'accepte les défis, par contre, tout devient possible. On n'a rien sans rien. Je ne suis peut-être pas capable de tout faire, mais je peux faire certaines choses.

8. Je suis une personne compétente.

Personne n'a besoin de régler mes problèmes à ma place. Je suis capable de le faire. Je peux prendre soin de moi-même. Je peux prendre les décisions qui me concernent. Je peux penser par moi-même. Mon bien-être ne dépend de personne d'autre que moi.

9. Je peux changer.

Je ne suis pas obligé de me comporter d'une certaine façon à cause du passé. Chaque jour est un jour nouveau. Il est stupide de penser que je ne peux rien changer en moi. Bien sûr que je le peux. Je peux changer.

10. Les autres sont capables de se prendre en main.

Je ne peux résoudre les problèmes des autres à leur place. Je n'ai pas à prendre sur mes épaules les problèmes des autres comme s'ils étaient les miens. Je n'ai pas à changer les autres, ni à trouver des solutions à leurs problèmes. Ils peuvent et doivent se prendre en main et régler leurs problèmes. Je peux leur montrer que je tiens à eux et leur offrir mon aide, mais je ne peux pas tout faire à leur place.

11. Je peux m'adapter.

Il y a plusieurs façons de faire les choses. Beaucoup de gens ont de bonnes idées qui donnent de bons résultats. Il n'y a pas une seule et unique «bonne» façon de faire les choses. Tout le monde a des idées valables. Certes, certaines me paraissent plus valables que d'autres, mais toutes les idées méritent d'être entendues, et toutes ont quelque chose de valable à apporter aux autres.

Auteur inconnu
Soumis par Allison Stevenson

Où êtes-vous, Mme Virginia DeView?

On a tous des moments forts dans nos vies; la plupart du temps, ils naissent des encouragements de quelqu'un d'autre.

George Adams

Nous étions assis en classe, rigolant, bavardant, discutant du dernier potin du jour, notamment du mascara violet plutôt excentrique que portait Cindy. Mme Virginia DeView se racla la gorge et réclama le silence.

«Aujourd'hui», dit-elle en souriant, «nous allons découvrir nos métiers et nos professions.» Quoi? Nos métiers? Tout le monde se regarda. Tout de même! Nous avions seulement 13 ou 14 ans. Notre institutrice devait avoir perdu la tête.

Nous avions une image assez négative de Mme Virginia DeView. Les cheveux ramassés en chignon, la dentition quelque peu chevaline, cette femme avait un physique ingrat qui faisait d'elle la tête de turc et la risée des élèves. Ses exigences très élevées nous déplaisaient tellement que nous ne voyions pas à quel point elle était brillante.

«Vous avez bien entendu. Vous allez choisir le métier que vous voulez faire plus tard», déclara-t-elle, le visage rayonnant, comme si c'était son moment préféré de toute l'année scolaire. «Vous ferez une recherche sur la carrière que vous avez choisie. Vous devrez interviewer une personne qui travaille dans le champ d'activités qui vous intéresse, puis faire un exposé oral.»

Nous rentrâmes à la maison l'esprit confus. Quel jeune de 13 ans sait ce qu'il veut vraiment faire dans la vie? Pour ma part, j'avais bien une petite idée: j'aimais les arts, le chant, l'écriture. Malheureusement, je n'avais aucun talent artistique et quand je me hasardais à chanter, mes sœurs s'écriaient: «Veux-tu bien te taire!» Mon seul espoir résidait donc dans l'écriture.

Chaque jour, Virginia DeView surveillait la progression de nos travaux. Où en étions-nous? Qui avait choisi sa future carrière? Après quelque temps, tous les élèves avaient arrêté leur choix; moi, j'avais opté pour le journalisme écrit. Je devais donc interviewer un vrai journaliste, un journaliste en chair et en os. J'étais terrifiée.

Le jour de l'interview, je m'assis en face de lui, à peine capable de balbutier quelques mots. Il me regarda et dit: «As-tu apporté un stylo ou un crayon?».

Je fis non de la tête.

«Et du papier?».

Je secouai de nouveau la tête.

Se rendant compte que j'étais dans mes petits souliers, il me donna mon tout premier conseil de journaliste. «Ne va jamais nulle part sans crayon ni papier. On ne sait jamais quel événement peut se produire.»

Durant les 90 minutes qui suivirent, il me raconta une foule d'histoires de cambriolages, de crimes en série, d'incendies. Il me confia qu'il n'oublierait jamais ce tragique incendie où quatre membres d'une même famille avaient perdu la vie. Il disait sentir encore l'odeur de chair brûlée et ne jamais pouvoir oublier cette horrible expérience.

Quelques jours plus tard, je présentai mon exposé oral sans notes écrites: le récit du journaliste m'avait tellement fascinée que je me souvenais de tout. Je décrochai un A pour ce travail.

Vers la fin de l'année scolaire, quelques élèves amers envers Virginia DeView décidèrent de se venger des efforts qu'elle avait exigés d'eux. Tapis dans un coin, ils attendirent son passage pour lui lancer une tarte à la figure, de toutes leurs forces. Elle s'en tira à peu près indemne sur le plan physique, mais elle en fut profondément blessée intérieurement. Elle s'absenta de l'école pendant plusieurs jours. Lorsqu'on me raconta ce qui était arrivé, je me sentis terriblement bouleversée. J'eus honte de moi et de mes camarades qui n'avaient trouvé rien de mieux à faire que de s'en prendre à cette femme à cause de son physique ingrat, sans voir quelle formidable pédagogue elle était.

Les années passèrent et j'oubliai Virginia DeView ainsi que les professions que nous avions choisies pour le projet. Maintenant, j'étudiais au collège et j'explorais les différentes possibilités de carrière. Mon père souhaitait que j'étudie en administration, ce qui semblait un conseil judicieux à l'époque, sauf que j'étais nulle en affaires. Je me rappelai alors Virginia DeView et mon désir de devenir journaliste. Je téléphonai à mes parents.

«Je change mon choix de cours», annonçai-je.

Il y eut un silence stupéfait à l'autre bout du fil.

«Et pour faire quoi?», demanda finalement mon père.

«Journalisme.»

Le ton de voix de mes parents exprima clairement leur mécontentement, mais ils n'essayèrent pas de me faire changer d'idée. Ils se contentèrent de me rappeler combien ce domaine était compétitif et combien j'avais toujours fui la compétition.

Tout cela était vrai. Cependant, le journalisme m'avait fait vibrer; je l'avais dans le sang. Jusqu'à aujourd'hui, ce métier m'a donné la liberté d'aborder de parfaits inconnus et de leur demander ce qui se passait. Il m'a appris à poser des questions et à obtenir des réponses à la fois sur le plan professionnel et personnel. Il m'a donné de l'assurance.

Au cours des douze dernières années, j'ai eu la plus satisfaisante et la plus formidable des carrières. J'ai couvert aussi bien des affaires de meurtres que des catastrophes aériennes. Aujourd'hui, je travaille dans un domaine où j'excelle. J'écris sur les gens, sur leurs moments heureux et sur leurs moments tragiques, et j'aime ce que je fais parce que je pense que j'aide ces gens d'une certaine façon.

L'autre jour, en décrochant le téléphone, j'ai senti des souvenirs remonter en moi tel un raz-de-marée et je me suis rendu compte que n'eut été d'une certaine Virginia DeView, je ne serais pas devenue ce que je suis aujourd'hui.

Elle ne saura probablement jamais que sans son aide, je ne serais pas devenue journaliste et écrivaine. J'ai plutôt l'impression que sans elle, j'aurais dérivé quelque part dans le monde des affaires, insatisfaite de chaque journée qui passe. Parfois, je me demande combien de ses élèves ont, comme moi, tiré profit du projet sur lequel elle nous avait fait travailler.

On me demande très souvent: «Comment en es-tu venue à choisir le journalisme?».

Ma réponse commence invariablement par les mêmes mots: «Eh bien, voyez-vous, c'est grâce à une de mes institutrices...». J'aimerais tant lui exprimer ma gratitude.

Quand les gens se rappellent leurs années passées sur les bancs d'école, je crois qu'il en ressort toujours l'image d'une enseignante ou d'un enseignant qui les a marqués — leur Virginia DeView à eux. Peut-être pourriez-vous lui exprimer votre gratitude avant qu'il ne soit trop tard.

Diana L. Chapman

Quand on veut, on peut

Dans les moments les plus sombres, l'âme refait ses forces pour continuer à supporter la vie.

Heart Warrior Chosa

«Est-ce vrai ce que dit l'écriteau, ou l'avez-vous placé sur le tableau d'affichage seulement pour attirer notre attention?»

«De quoi parles-tu?», lui demandai-je sans lever les yeux de ma table de travail.

«De l'écriteau que vous avez fait et qui dit "Si tu peux le concevoir et le croire, alors tu peux l'accomplir".»

Je le regardai droit dans les yeux. Paul était un de mes élèves préférés, mais certainement pas un des meilleurs. «Eh bien, Paul, l'homme qui a écrit ces mots, Napoleon Hill, l'a fait après des années de recherche sur la vie des grands de ce monde. Hill a découvert que la faculté de concevoir une chose est une qualité commune à tous ceux qui se démarquent. Jules Verne disait la même chose, lui aussi, lorsqu'il a écrit: "Tout ce que l'esprit d'un homme peut imaginer, l'esprit d'un autre homme peut le créer."»

«Vous voulez dire que si j'ai une idée et que j'y crois, je peux la réaliser?», me demanda Paul avec une intensité qui commanda mon attention.

«D'après ce que j'ai vu et lu, Paul, il ne s'agit pas d'une théorie, mais d'une loi que l'être humain a démontrée à travers les siècles.»

Paul enfonça ses mains dans les poches de ses Levi's et se mit à marcher en rond dans la pièce. Puis, il se tourna vers moi, rempli d'une énergie nouvelle. «M. Schlatter, toute ma vie j'ai été un élève médiocre et je sais que j'en paierai le prix un jour ou l'autre. Qu'arrivera-t-il si je me conçois moi-même comme un bon élève et que j'y crois vraiment... *moi aussi*, je pourrai l'accomplir?», demanda Paul.

«Oui, Paul, mais n'oublie pas ceci: si tu y crois vraiment, tu agiras en conséquence. Je pense que la force qui t'habite peut faire de grandes choses pour toi dès lors que tu prends cet engagement.»

«Qu'entendez-vous par engagement?», demanda-t-il.

«Eh bien, il y a une histoire au sujet d'un pasteur qui se rend à la ferme d'un des membres de sa congrégation. Admirant la beauté de l'endroit, il dit: "Clem, toi et le Seigneur avez créé un vrai paradis ici."

«"Merci, lui répond Clem, mais vous auriez dû voir l'endroit lorsque le Seigneur l'avait pour lui tout seul."

«En fait, Paul, Dieu nous donne tout le bois à brûler dont nous avons besoin, mais c'est à nous de gratter l'allumette.»

Il y eut un silence annonciateur. «D'accord, dit Paul, je vais le faire. D'ici la fin du semestre, j'aurai un *B* dans toutes les matières.» Or, nous étions déjà rendus à la cinquième semaine du semestre et dans mon cours, Paul n'avait que des *D*.

«La marche est haute, Paul, mais je crois que tu peux atteindre l'objectif que tu viens de te fixer.» Nous éclatâmes de rire et Paul sortit de ma classe pour aller dîner.

Au cours des douze semaines qui suivirent, Paul me fit vivre une expérience qui ne pouvait qu'inspirer un enseignant comme moi. Il se mit à poser tant de questions pertinentes que sa curiosité s'aiguisa peu à peu. La discipline qu'il s'imposait commença à transparaître dans son allure de plus en plus soignée. Même sa démarche dénotait la détermination dont il voulait faire preuve dans la poursuite de son objectif. Ses notes augmentèrent, il reçut une mention le félicitant de ses progrès et, petit à petit, il prit de l'assurance. Pour la première fois de sa vie, les autres élèves lui demandaient de l'aide. Il avait de plus en plus de charme et de charisme.

Puis, un jour, ce fut la victoire. Un vendredi soir, je m'installai pour corriger un examen important sur la Constitution. Je regardai longuement la copie de Paul avant de prendre mon stylo rouge. Cependant, je ne me servis pas une seule fois de mon stylo. C'était un travail parfait, le premier *A+* de Paul. Je me mis aussitôt à calculer sa moyenne: il obtenait enfin une moyenne de *A-B*. Quatre semaines avant la date qu'il avait arrêtée, il avait atteint son objectif. Je téléphonai à mes collègues pour leur annoncer la nouvelle.

Le samedi matin, je me rendis à l'école pour une répétition de *Poursuivez votre rêve*, une pièce de théâtre que je dirigeais. J'arrivai dans le stationnement le cœur léger, pressé de saluer Kathy, la meilleure actrice de la pièce et l'une des meilleures amies de Paul. Mais dès que je sortis de la voiture, Kathy s'approcha, le visage en larmes, et s'effondra sur moi. C'est alors qu'elle me raconta ce qui était arrivé.

Paul s'était rendu chez un ami et, ensemble, ils avaient regardé la collection de pistolets «non chargés» qui se trouvait dans le grenier. Insouciants comme on peut l'être à cet âge, ils s'étaient mis à jouer au policier et au voleur. L'ami avait pointé un pistolet «non chargé» en direction de Paul et avait appuyé sur la détente. Paul avait été atteint directement à la tête.

Le lundi suivant, un élève vint me voir avec des formulaires concernant Paul. Sur un des formulaires, il y avait une case que je devais cocher pour confirmer que j'avais corrigé son examen, puis une autre case intitulée «Résultat de l'examen», à côté de laquelle étaient inscrits les mots «non nécessaire».

«Non nécessaire... C'est vous qui le dites, pensai-je en traçant un gros *B* rouge dans la case. Je tournai le dos à mes élèves pour ne pas qu'ils voient mes larmes. Paul l'avait eu, son *B*, mais il n'était plus ici pour s'en réjouir. Les nouveaux vêtements qu'il s'était payés grâce à son travail de camelot étaient encore dans son placard, mais Paul n'était plus. Ses amis, sa mention pour ses progrès, son trophée de football étaient encore ici, mais Paul n'était plus. Pourquoi?

La seule bonne chose qui ressort d'un très grand chagrin, c'est que la douleur nous fait sentir tellement petits qu'on n'oppose plus aucune résistance à cette force aimante et déchaînée qui nous habite en tout temps.

«Construis-toi d'autres châteaux, ô, mon âme.» Les mots de ce vieux poème se rendirent à mon cœur et je compris que Paul se trouvait encore parmi nous. Mes larmes tarirent et la joie illumina mon visage pendant que j'imaginais Paul en train de concevoir, de croire et d'accomplir, désormais armé de curiosité, de discipline, de détermination et d'assurance, des qualités que nous sommes ici pour cultiver comme autant de châteaux invisibles. Paul nous a légué une grande richesse. Le jour des funérailles, sur le perron de l'église, j'ai réuni mes élèves de théâtre et leur ai annoncé que les répétitions reprenaient le lendemain. En souvenir de Paul et de tout ce qu'il nous avait laissé, il était temps de continuer à poursuivre nos rêves.

Jack Schlatter

Qu'est-ce qui cloche?

Aussitôt après la fin de ses études en enseignement, Mary se trouva un emploi comme institutrice dans une réserve indienne Navajo. Chaque jour, elle demandait à cinq de ses jeunes élèves d'aller au tableau et de résoudre un problème simple de mathématiques qu'ils avaient travaillé la veille à la maison. Mais les élèves restaient figés, silencieux, refusant de faire quoi que ce soit. Mary ne savait pas quoi faire. Ses études ne l'avaient pas préparée à ce genre de situation, et elle n'avait jamais eu de problèmes de la sorte pendant ses stages à Phoenix.

Qu'est-ce qui cloche? Est-ce possible que je sois tombée sur cinq élèves incapables de résoudre ce problème?, se demandait Mary. *Non, c'est impossible.* Finalement, elle se décida à demander à ses élèves ce qui n'allait pas. Leur réponse lui donna une leçon inattendue sur l'image et l'estime de soi.

Ses élèves lui expliquèrent qu'ils respectaient l'individualité de chacun; ils savaient que certains de leurs camarades seraient incapables de résoudre ces problèmes. Malgré leur jeune âge, ils comprenaient l'inutilité d'une approche pédagogique basée sur la compétition. Selon eux, personne ne sortirait gagnant de voir un des leurs se faire louanger ou humilier au tableau. Ils refusaient donc de se concurrencer entre eux en public.

Dès lors, Mary modifia sa façon de procéder. Dorénavant, elle vérifiait les réponses des élèves individuellement plutôt que devant toute la classe. Tous ses élèves voulaient apprendre; seulement, ils ne voulaient pas le faire aux dépens des autres.

The Speaker's Sourcebook

La Journée Défi

À joie partagée, joie deux fois plus grande; à chagrin partagé, chagrin deux fois moins lourd.

Proverbe suédois

Je m'appelle Tony. Je suis le genre de gars qui a toujours pensé à ses propres intérêts. Je me disais que personne d'autre ne le ferait à ma place et je croyais qu'il en serait toujours ainsi. Cette façon de voir les choses, cependant, a changé du tout au tout le jour où j'ai participé à un événement spécial appelé Journée Défi.

Les gens qui organisaient cette journée thématique avaient grand espoir de nous aider à devenir des leaders solidaires les uns des autres. Moi, tout ce que je voulais, c'était de sortir de la classe. Je prévoyais m'esquiver une fois l'inscription faite.

Dans le gymnase de l'école, je me suis retrouvé assis en cercle avec une centaine d'élèves qu'en temps normal je n'aurais pas fréquentés même si on m'avait payé pour le faire. J'avais mon air détaché et cool, mais je me sentais plutôt nerveux. Mon genre habituel, c'était de m'asseoir dans la dernière rangée de la classe et d'attendre impatiemment la fin du cours, ou alors de sécher le cours pour aller traîner avec les copains.

Dans le gymnase, ce jour-là, je me suis moqué de l'accoutrement des uns, puis de l'embonpoint des autres. Certaines filles avaient apporté leur pyjama et leur animal en peluche. Vraiment stupide, me suis-je dit.

La journée a commencé. On nous a demandé de nous lever et de nous nommer au micro. D'une voix forte et fière, a-t-on insisté. Quelques-uns des jeunes ont alors brisé la glace, l'air intimidé. Lorsque mon tour est arrivé, j'ai pris la pose décontractée que j'emprunte lorsque je me décide à faire quelques pas de *rap*. Personne ne s'est aperçu que j'avais la gorge serrée. Voyez-vous, je viens d'un quartier très dur où il ne faut pas se montrer vulnérable si on ne veut pas devenir une cible. Quand j'étais petit, j'ai été la cible non seulement de mes frères mais de tous ceux qui se disaient mes amis. De toute façon, nous ne savions visiblement pas ce qu'était l'amitié; la seule chose que nous savions faire, c'était de se bagarrer et de se dénigrer.

Toujours est-il qu'au gymnase, on a commencé à nous faire faire des jeux que je trouvais enfantins. Je suis donc resté à l'arrière avec les copains à faire le cool et à rire des jeux qu'on proposait. Après quelques jeux, toutefois, on aurait dit que plus personne ne restait derrière et que tout le monde s'amusait. «Pourquoi pas moi?», me suis-je alors demandé. Je dois admettre que j'ai joué plutôt dur, mais c'était mieux que de bouder dans mon coin.

Ce qui s'est produit ensuite est presque incroyable. Carl, un des seuls gars de l'école qu'on craint et respecte plus que moi, a accepté d'aider un des animateurs à faire une démonstration: lui et l'animateur montraient aux autres comment serrer quelqu'un dans ses bras. Sur le coup, tout le monde s'est mis à rigoler, mais ça devenait de plus en plus difficile de se moquer des autres. Les animateurs ont ensuite proposé d'autres exercices: comment ouvrir notre cœur et notre esprit, comment exprimer nos sentiments véritables, comment encourager les autres plutôt que de les décourager. Bref, rien de ce que j'avais coutume de faire.

À un moment donné, nous avons fait un exercice appelé «le jeu de la vérité». Avant de commencer le jeu, les animateurs ont parlé d'oppression. «Tu parles, qu'ils savent ce que c'est que d'être opprimé, ai-je pensé. Moi, je suis un jeune Latino qui vit dans une société de Blancs. Je me fais harceler et bousculer tous les jours par les commerçants, les profs et tous les adultes qui me considèrent comme un gangster uniquement à cause de la couleur de ma peau. Ben oui, je me conduis en dur, mais qu'est-ce que vous voulez que je fasse d'autre quand je vois tous les jours des amis se faire tirer dessus.»

Pour faire le jeu de la vérité, les animateurs nous ont demandé de garder le silence afin de ne pas intimider les autres. Ils ont ensuite nommé des catégories et nous ont dit de traverser la ligne lorsque nous entendions une catégorie à laquelle nous pensions appartenir. Je chuchotais encore à l'oreille d'un copain quand on a annoncé les premières catégories.

Les animateurs étaient sérieux, toutefois. L'un d'entre eux est venu poser doucement sa main sur mon épaule en disant: «Tu voudras sûrement qu'ils te respectent, alors s'il te plaît respecte-les.»

On a nommé catégorie après catégorie. En silence, des groupes traversaient la ligne et se formaient. Puis, on a annoncé une catégorie à laquelle j'appartenais. J'étais certain d'être le seul qui allait s'avancer. «Traversez la ligne si vous avez déjà été frappé, battu ou abusé, de quelque façon que ce soit.» Je me suis dirigé vers la ligne, le pied pesant, les yeux baissés, retenant difficilement mon envie de rire pour cacher ma souffrance.

Quand j'ai levé les yeux, cependant, j'ai vu que la moitié du groupe marchait à mes côtés. Nous sommes allés vers la ligne en silence, nous regardant dans les yeux, et pour la première fois de ma vie, j'ai senti que je n'étais pas seul.

Un par un, nous avons laissé tomber nos masques. Je me suis rendu compte que ces gars et ces filles que j'avais toujours jugés négativement me ressemblaient beaucoup, en réalité. Eux aussi savaient ce qu'était la souffrance.

J'ai traversé la ligne. Un de mes copains a essayé de blaguer avec moi, mais je n'en voyais plus la pertinence. Puis, on a nommé une autre catégorie, et toutes les femmes et les filles de la salle ont franchi la ligne. Je n'avais jamais compris à quel point les hommes et les garçons manquaient de respect envers les femmes et les filles. J'ai senti mon malaise augmenter lorsque j'ai vu plusieurs de mes amis qui avaient les yeux mouillés de larmes.

Par la suite, j'ai de nouveau traversé la ligne lorsqu'ils ont mentionné la catégorie de ceux et celles qui avaient perdu un être cher dans une guerre de gang. Nous étions si nombreux à traverser! Ça n'avait aucun sens! Je commençais à sentir la colère gronder en moi et des larmes de rage me monter aux yeux. Les animateurs continuaient: «Lorsque les larmes sortent, les blessures intérieures cicatrisent... Il faut être fort pour oser pleurer.»

Je devais choisir: allais-je ou non avoir le courage de laisser sortir mes larmes? J'avais peur qu'on me traite de tous les noms, mais les larmes ont jailli. J'ai pleuré, et mes larmes ont prouvé que j'étais un homme fort.

Avant de partir ce jour-là, chacun de nous s'est levé pour raconter aux autres son expérience. Mon tour venu, je me suis levé, ne sachant pas encore une fois si je devais retenir mes larmes. L'animateur m'a incité à regarder les autres et à leur demander si un homme avait le droit de pleurer. Et j'ai pleuré.

Tous les participants se sont alors levés pour me montrer qu'ils respectaient mon courage. Étonné, j'ai commencé à raconter mon expérience. Je leur ai dit que j'étais navré d'avoir mal jugé certains d'entre eux et de les avoir bousculés dans les couloirs parce que j'étais persuadé qu'ils avaient une vie tellement plus facile que la mienne. Les larmes aux yeux, ces personnes sont venues vers moi, une par une, et m'ont serré dans leurs bras. Maintenant, je sais vraiment ce que montrer son affection signifie. J'espère pouvoir en faire l'expérience avec mon père un de ces jours.

Cette Journée Défi, je pensais bien qu'elle servirait uniquement à me donner congé de l'école, et voilà que je présentais mes excuses à des personnes que j'avais blessées, tandis que d'autres faisaient la même chose envers moi. Comme si nous venions de découvrir que nous formions une seule et même grande famille. Ce n'était pas de la magie: il avait seulement suffi que l'on se regarde d'un œil différent.

Depuis ce jour, j'ai compris que tout dépend de nous: cette ouverture aux autres, avons-nous le courage d'en faire une façon de vivre et de nous rappeler que la plupart des êtres humains se ressemblent? Avons-nous le courage d'aider les autres à ne pas craindre d'être eux-mêmes?

Racontée par Andrew Tertes

Je suis...

Les mots «Je suis...» sont puissants; prends garde aux mots qui remplaceront les points de suspension. Les choses que tu réclames trouveront le moyen de venir jusqu'à toi et de te réclamer.

A.L. Kitselman

*(**Note des éditeurs:** As-tu remarqué à quel point les gens te demandent souvent ce que tu fais ou ce que tu feras plus tard? Pour tous ceux d'entre nous qui ont souffert de ne pas avoir accompli ce qu'ils rêvaient de faire, tu trouveras dans l'histoire qui suit la vraie réponse. Ne l'oublie pas la prochaine fois que quelqu'un te dira: «Oh! vraiment? Eh bien! Il n'y a pas de mal à gagner sa vie à faire des hamburgers. Tu devrais être fier.»)*

Je suis architecte: j'ai construit des fondations solides, et chaque année que je passe à l'école ajoute un nouvel étage de sagesse et de savoir.

Je suis sculpteur: j'ai façonné mes principes et mes valeurs dans l'argile du bien et du mal.

Je suis peintre: chaque fois que j'exprime une idée personnelle, j'ajoute une teinte nouvelle à l'arc-en-ciel.

Je suis scientifique: tous les jours, je recueille des données, je fais des observations importantes et j'expérimente de nouveaux concepts.

Je suis astrologue: je lis et j'analyse les lignes de vie de chaque personne qui entre dans ma vie.

Je suis astronaute: j'explore et j'élargis sans cesse mes horizons.

Je suis médecin: je guéris ceux qui me demandent conseil et j'apporte vitalité à ceux qui ont perdu le goût de vivre.

Je suis avocat: je n'ai pas peur de défendre les droits fondamentaux et incontournables de ma propre personne et de tous les autres.

Je suis policier: je me soucie du bien-être des autres; je suis toujours sur place pour prévenir les bagarres et maintenir la paix.

Je suis enseignant: par mon exemple, les autres apprennent l'importance de la détermination, du dévouement et du travail.

Je suis mathématicien: je m'assure d'apporter la solution correcte à chacun de mes problèmes.

Je suis détective: je garde un regard perçant, à la recherche du sens de la vie et de ses mystères.

Je suis membre d'un jury: je juge les autres et leurs situations seulement après avoir entendu et compris toute leur histoire.

Je suis banquier: les autres partagent avec moi leur confiance et leurs valeurs et tous y trouvent leur intérêt.

Je suis hockeyeur: je surveille sans cesse ceux qui veulent bloquer mon but et je les déjoue.

Je suis marathonien: je suis énergique, je veux bouger et relever des défis.

Je suis alpiniste: lentement mais sûrement, je grimpe vers le sommet.

Je suis funambule: je fais attention de garder mon équilibre lorsque je traverse des périodes houleuses, afin de toujours me rendre de l'autre côté.

Je suis millionnaire: mes coffres sont pleins d'amour, de sincérité et de compassion; le savoir, la sagesse et l'expérience que je possède sont inestimables.

Mais, le plus important, je suis moi.

Amy Yerkes

Écoute les mots que je n'ose dire

Ne me laisse pas te duper;
ne laisse pas mon visage te berner.
Car je porte un masque, un millier de masques,
des masques que j'ai peur d'enlever,
des masques qui ne sont pas moi.
Je fais semblant, c'est devenu ma seconde nature,
mais ne te laisse pas duper,
s'il te plaît, ne te laisse pas duper.
Je donne l'impression d'avoir de l'assurance,
d'être confiant et décontracté.
Je donne l'impression que tout va bien, que tout est sous
contrôle, que je n'ai besoin de personne.
Ne le crois pas, toutefois.
Mes dehors ont l'air parfaits, mais ces dehors sont
des masques, toujours changeants, toujours trompeurs.
Sous ces dehors il n'y a aucune suffisance,
Sous ces dehors il y a la confusion, la peur et la solitude.
C'est là-dessous que je les cache,
car je veux que personne le sache.

Je panique à la pensée qu'on entrevoie ma faiblesse
et ma peur.
Je me dépêche donc de mettre un masque
derrière lequel me cacher,
une façade digne et nonchalante qui m'aide à prétendre,
à me protéger des regards qui savent.
Ces regards sont pourtant, je le sais,
mon seul salut et mon seul espoir,
à condition toutefois qu'ils expriment l'acceptation,
à condition toutefois qu'ils expriment l'amour.

Ils sont l'unique chose qui puisse me libérer
    de moi-même,
me sortir de cette prison que j'ai construite,
abattre les barrières que j'ai péniblement érigées.
Ils sont l'unique chose qui me prouvera
ce que je suis incapable de me prouver:
je vaux réellement quelque chose.
Je n'aime pas me cacher.
Je n'aime pas sonner faux.
Je veux cesser d'être quelqu'un d'autre.
Je veux être authentique et spontané, je veux être moi,
mais tu dois m'aider pour cela.
Tu dois me tendre la main
même quand je ne semble pas en manifester le désir.
Toi seul peux faire disparaître
mon regard froid de mort-vivant.
Toi seul peux me faire revivre.

Chaque fois que tu te montres aimable, doux
    et encourageant,
chaque fois que tu essaies de comprendre
    parce que tu tiens à moi,
mon cœur s'allège et il me pousse des ailes,
des ailes minuscules, certes, des ailes très faibles,
mais des ailes tout de même!
Je veux que tu saches:
tu es capable de voir à travers moi,
et grâce à cela tu m'insuffles la vie.

Qui suis-je, te demandes-tu peut-être.
Je suis quelqu'un que tu connais très bien,
car je suis chaque homme, chaque femme que tu croises.

Auteur inconnu

Sparky

Pour Sparky, alors âgé de 14 ans, l'école, c'était l'enfer. Il avait échoué tous ses cours de fin d'année: il avait eu zéro dans son cours de sciences physiques et il avait coulé ses cours de français, de mathématiques et d'anglais. Il ne réussissait guère mieux dans les sports. Certes, on l'avait accepté dans l'équipe de golf de l'école, mais il avait perdu la seule partie importante de la saison. On organisa un match de consolation: il le perdit également.

Pendant toute sa jeunesse, Sparky fut maladroit avec les autres. Ce n'est pas que les autres ne l'aimaient pas; en fait, personne ne se souciait de lui, au point que Sparky était étonné si un camarade de classe le saluait en dehors des heures de classe. Pour ce qui est de sa popularité auprès des filles, disons seulement que Sparky, pendant toutes ses études secondaires, ne demanda à aucune fille de sortir avec lui. Il avait trop peur de se faire dire non.

Sparky était un perdant. Il le savait, ses camarades aussi, tout le monde. Il se comportait donc en perdant. Depuis longtemps, Sparky s'était dit que si les choses étaient pour marcher, elles marcheraient, un point c'est tout. En attendant, il se contenterait de cette médiocrité qui lui paraissait inévitable.

Une chose lui tenait à cœur, cependant: le dessin. Sparky était fier de ses dessins. Évidemment, personne d'autre que lui ne les appréciait. Vers la fin de ses études secondaires, il envoya quelques bandes dessinées au comité chargé de produire l'album des finissants de son école. Le comité refusa ses dessins. Malgré ce rejet, Sparky était si convaincu de son talent qu'il résolut de devenir artiste et de gagner sa vie ainsi.

Après ses études secondaires, il écrivit aux studios Walt Disney. On lui demanda d'envoyer quelques échantillons de bandes dessinées sur un sujet imposé. Sparky créa sa bande dessinée sur le thème demandé. Il consacra beaucoup de temps à ces dessins et à tous les autres qu'il envoya. Puis, un jour, une réponse arriva des studios Walt Disney. On le rejetait de nouveau. Le perdant avait encore perdu.

Sparky décida donc de faire sa propre autobiographie sous forme de bandes dessinées. Son personnage principal était ce que lui-même avait été durant son enfance — un petit garçon qui se voyait comme un perdant et qui échouait en tout. Or, le personnage qu'il créa devint célèbre dans le monde entier: Sparky, le garçon qui ne valait rien à l'école et qu'on avait rejeté encore et encore, c'était Charles Schultz! Le même Charles Schultz qui nous a donné la bande dessinée «Peanuts» et le personnage Charlie Brown, ce petit garçon qui ne réussit jamais à botter le ballon et à faire voler son cerf-volant.

Bits & Pieces

Si j'avais su...

Combien de fois avez-vous entendu dire: «Si j'avais su ce que je sais maintenant...»?

Avez-vous déjà eu le goût de répondre: «Ouais... eh bien... continue...»

Alors voilà...

Si j'avais su...

J'aurais écouté plus souvent mon cœur.

J'aurais profité de la vie au lieu de me faire du souci.

J'aurais compris que l'école finit bien assez tôt et que le travail... oh... n'en parlons pas.

J'aurais essayé de ne pas m'en faire avec ce que les gens pensent.

J'aurais apprécié ma vitalité et ma peau bien lisse.

J'aurais joué plus et je me serais moins tracassée.

J'aurais compris que la beauté réside dans l'amour qu'on porte à la vie.

J'aurais compris à quel point mes parents m'aimaient et faisaient de leur mieux.

J'aurais apprécié d'«être en amour» sans m'inquiéter autant de l'issue de la relation.

J'aurais compris que si une chose ne se réalise pas, c'est qu'une chose meilleure encore viendra.

Je n'aurais pas eu si peur de me comporter comme une enfant.

J'aurais été plus brave.

J'aurais cherché les bonnes qualités chez les autres et les aurais appréciées pour ce qu'elles sont.

Je n'aurais pas fréquenté des gens pour leur seule popularité.

J'aurais suivi des cours de danse.

J'aurais aimé mon corps tel qu'il était.

J'aurais fait confiance à mes copines.

J'aurais été digne de la confiance de mes copines.

Je n'aurais pas fait confiance à mon petit ami (je blague!).

J'aurais profité, vraiment profité, des baisers qu'on me donnait.

J'aurais, ça c'est certain, apprécié ce que j'avais et montré plus de reconnaissance.

Kimberly Kirberger

«Qu'est-ce que ça peut bien faire que j'aie de mauvaises notes? Tu as toujours dit que ce qui importe, ce n'est pas ce que l'on connaît, mais qui l'on connaît!»

6

LES COUPS DURS

Chaque fois que tu peux vaincre ta peur,
tu gagnes en force, en courage et en assurance.
Tu peux affirmer: «Je m'en suis sorti.
Je suis capable d'affronter le reste.»

Eleanor Roosevelt

Le grand ballet de la vie se déroule véritablement
pendant la période qui sépare
ce que tu as déjà été
et ce que tu es en train de devenir.

Barbara De Angelis

Quelqu'un aurait dû lui dire

Je suis allée à une fête d'anniversaire
Et me suis rappelé ce que tu m'avais conseillé:
Tu m'avais demandé de ne pas boire d'alcool,
Et c'est donc pour un Coca-Cola que j'ai opté.

J'étais très fière de moi,
Exactement comme tu me l'avais prédit,
Je n'ai pas mélangé alcool et volant
Même si mes amis n'étaient pas de cet avis.

Quand la fête s'est terminée
Et que les amis, en voiture, sont repartis,
Je savais que ton conseil était avisé,
De choisir ainsi la vie.

J'ai pris place dans ma voiture,
Persuadée de rentrer saine et sauve,
Pas un instant je ne me suis doutée
Que mon destin serait quoi que ce soit d'autre.

Je suis présentement couchée sur la chaussée
Et j'entends ce que dit le policier:
«Le responsable de l'accident était ivre».
Puis sa voix me semble de plus en plus éloignée.

Je baigne dans mon propre sang,
Je me retiens de ne pas pleurer.
«Cette fille va mourir»,
Répète sans cesse l'ambulancier.

Bien sûr, ce type ne savait pas,
Perdu dans les vapeurs de l'ivresse,
Qu'en décidant de prendre le volant
Il me plongerait dans une telle détresse.

Pourquoi les gens conduisent-ils en état d'ébriété
Sachant qu'ils peuvent détruire des vies?
Mais la douleur se fait maintenant trop forte
On dirait que par mille couteaux je suis assaillie.

Dis à ma sœur de ne pas avoir peur,
Dis à papa d'être courageux,
Et sur ma tombe je veux qu'on inscrive
À quel point j'étais quelqu'un d'heureux.

Il aurait fallu dire à ce type
Qu'il ne faut pas conduire quand on a bu.
Si ses parents lui avaient enseigné cela,
Peut-être que ma vie ne serait pas fichue.

J'ai de plus en plus de mal à respirer,
La peur commence à me gagner.
Je suis à la veille de mourir
Et j'y suis si peu préparée.

J'aurais aimé être dans tes bras, maman,
Plutôt que de rester immobile dans le noir.
J'aurais aimé te faire mes adieux
Te dire que je t'aime, te dire au revoir.

Racontée par Jane Watkins

Le dernier verre

Le long de la route 128, on peut apercevoir une petite croix près de la ville de Boonville. Si cette croix pouvait parler, elle te raconterait la tragédie suivante.

Il y a de cela sept ans, mon frère Michael était en visite au ranch d'un de ses amis. Ils ont décidé d'aller manger au restaurant. Joe est arrivé et s'est porté volontaire pour conduire la voiture — après un seul et unique verre.

Le cœur léger, les trois compères ont fait le trajet sur cette route sinueuse. Aucun d'eux ne savait où elle allait les mener. Personne ne le savait. Tout à coup, la voiture a fait une embardée et est entrée en collision avec un véhicule qui circulait en sens inverse.

Pendant ce temps, nous étions à la maison à regarder le film *E.T.*, confortablement installés devant un feu de foyer. Puis, nous sommes allés nous coucher. Il était deux heures du matin lorsqu'un officier de police a réveillé ma mère pour lui annoncer la terrible nouvelle. Michael était mort.

Le lendemain matin, j'ai trouvé ma mère et ma sœur en train de pleurer à chaudes larmes. Je les ai regardées d'un air ahuri. «Que se passe-t-il?», leur ai-je demandé en me frottant les yeux.

Ma mère a poussé un long soupir: «Viens près de moi...».

C'est ainsi qu'a commencé cette épreuve difficile qu'est le deuil, un tunnel qui semble sans issue. Le seul souvenir de cette journée me fait mal.

L'unique façon d'apaiser ma douleur, c'est de raconter mon histoire dans l'espoir que tu t'en rappelles si on te propose un jour de monter en voiture avec un conducteur qui a bu de l'alcool — ne serait-ce qu'un seul verre.

Le jour de l'accident, Joe a pris une bien mauvaise décision. Par la suite, il a été reconnu coupable d'homicide et a fait de la prison. Sa vraie punition, cependant, c'est d'avoir cette tragédie sur la conscience. Tout ce qui reste de son geste, c'est notre blessure du cœur qui ne guérira jamais, c'est un cauchemar qui le hantera et *nous* hantera jusqu'à la fin de nos jours, c'est une petite croix sur le bord de la route 128.

Chris Laddish, 13 ans
À la douce mémoire de Michael Laddish

Mort à 17 ans

L'agonie s'empare de mon esprit. Je suis une statistique. Dès mon arrivée ici, je me suis senti très seul. Submergé par le chagrin, j'espérais trouver un peu de sympathie.

Peine perdue. Tout ce que j'ai trouvé, c'était des milliers de corps tout aussi mutilés que le mien. On m'a donné un numéro, puis on m'a classé dans la catégorie «victime des accidents de la route».

Je suis mort un jour d'école comme les autres. Pourquoi n'ai-je pas pris l'autobus cette fois-là! Mais je me trouvais trop cool pour prendre l'autobus. Je me rappelle comment j'avais réussi à convaincre ma mère de me donner les clés de la voiture. «Une faveur spéciale», avais-je plaidé. «Tous mes amis conduisent!» Quand la cloche de 2 h 50 avait sonné, j'avais lancé mes livres au fond de mon casier. Libre jusqu'au lendemain matin! Je m'étais alors rendu au stationnement, exalté par l'idée de conduire une voiture et d'être mon propre patron.

Les circonstances de l'accident n'ont aucune espèce d'importance. J'ai fait l'imbécile, j'ai roulé trop vite, j'ai pris trop de risques, mais je savourais cette liberté et je m'amusais comme un fou. La dernière chose que je me rappelle, c'est d'avoir doublé une vieille dame qui semblait rouler terriblement lentement. Ensuite, j'ai entendu un bruit de collision et ressenti un terrible choc. Les débris de verre et de métal ont volé de partout. Mon corps tout entier semblait déchiré. J'ai clairement perçu le son de mes hurlements.

Puis, je me suis réveillé. Tout était calme. Un officier de police s'est penché sur moi. J'ai vu un médecin. Mon corps était en lambeaux. J'étais couvert de sang; des morceaux de verre perçaient ma chair un peu partout. Bizarrement, je ne ressentais aucune douleur. Hé! Ne remontez pas ce drap sur mon visage! Je ne peux pas être mort. J'ai seulement 17 ans. J'ai un rendez-vous ce soir. J'ai une vie merveilleuse qui m'attend. J'ai à peine vécu. Je ne peux pas être mort!

On a placé ma dépouille dans une sorte de grand tiroir. Ma famille est venue identifier mon corps. Pourquoi ont-ils eu à me voir dans cet état? Pourquoi ai-je eu à voir les yeux de maman au moment où elle vivait la pire épreuve de sa vie? Papa m'a soudain paru très vieux. Il a dit au responsable de la morgue: «Oui, c'est bien notre fils.»

Les funérailles ont été étranges. J'ai vu tous mes parents et amis défiler devant mon cercueil. Jamais je n'avais vu une telle tristesse dans leurs regards. Certains de mes copains pleuraient. Quelques-unes de mes copines m'ont touché la main, puis se sont éloignées en sanglotant.

Je vous en prie, quelqu'un, réveillez-moi! Sortez-moi d'ici! Je ne peux supporter de voir mes parents souffrir autant. Mes grands-parents, eux, ont tellement de chagrin qu'ils peuvent à peine se tenir debout. Mon frère et ma sœur me font penser à des zombis. Ils marchent comme des robots. Hébétés. Ils sont tous hébétés. Personne ne peut croire ce qui est arrivé. Moi non plus, d'ailleurs.

Je vous en prie, ne m'enterrez pas! Je ne suis pas mort! J'ai ma vie à vivre. Je veux rire, je veux courir. Je veux chanter et danser. Ne me descendez pas dans la fosse! Mon Dieu, si vous me donnez une seconde chance, je promets d'être le conducteur le plus prudent de toute la terre. Tout ce que je désire, c'est une seconde chance. Je vous en supplie, mon Dieu, je n'ai que 17 ans.

John Berrio

La médaille d'or

Cette histoire s'est passée au printemps 1995. J'avais été invité à donner une conférence dans une école. Une fois le programme de la journée terminé, le directeur m'avait proposé d'aller rendre visite à un élève un peu particulier. Confiné à la maison à cause d'une maladie, cet élève avait néanmoins manifesté le désir de me rencontrer, et le directeur savait que ma visite aurait de l'importance aux yeux de ce garçon. J'avais donc accepté de le rencontrer.

Durant le trajet de 15 kilomètres qui nous menait chez lui, j'en ai appris un peu plus sur Matthew. Il souffrait de dystrophie musculaire. À sa naissance, les médecins avaient annoncé à ses parents qu'il ne verrait pas ses cinq ans. Par la suite, on les avait prévenus que Matthew ne fêterait pas son dixième anniversaire. Matthew avait maintenant 13 ans et d'après ce qu'on me racontait à son sujet, il luttait de toutes ses forces contre sa maladie. Il voulait me rencontrer parce que j'avais remporté une médaille d'or en haltérophilie et parce que j'avais appris ce que signifiait «surmonter les obstacles» et «aller au bout de ses rêves».

Matthew et moi avons bavardé pendant une heure. Pas une seule fois il ne s'est plaint, ni n'a posé la question «pourquoi moi?». Il a plutôt parlé de victoire et de réussite, et il m'a confié ses rêves. De toute évidence, il savait ce qu'il voulait. Il n'a pas soufflé mot des moqueries dont il était l'objet de la part de ses camarades de classe; il n'a parlé que de ses espoirs pour l'avenir et m'a expliqué qu'il voulait un jour devenir haltérophile comme moi.

À la fin de notre conversation, j'ai fouillé dans ma serviette, j'en ai sorti la médaille d'or que j'avais remportée et je l'ai glissée autour de son cou. Je lui ai dit qu'il était un gagnant et qu'il en saurait toujours plus long que moi sur la réussite et les obstacles. Matthew a contemplé la médaille un moment, l'a enlevée de son cou et me l'a remise. Puis il a dit: «Rick, tu es un champion. Tu l'as méritée, cette médaille. Un jour, quand je participerai aux Jeux olympiques et que je gagnerai une médaille d'or, j'irai te la montrer.»

L'été dernier, j'ai reçu un mot des parents de Matthew m'annonçant son décès. Ce mot était accompagné d'une lettre que leur fils avait écrite pour moi quelques jours avant de mourir.

Cher Rick,

Maman m'a demandé de t'écrire cette lettre pour te remercier de la belle photo que tu m'as envoyée. Je voulais également te dire que les médecins ne me donnent plus beaucoup de temps à vivre. J'ai beaucoup de difficulté à respirer et je me fatigue très rapidement, mais j'essaie quand même de garder le sourire. Je sais que je ne serai jamais aussi fort que toi et que nous ne lèverons jamais de poids ensemble.

Je t'avais dit qu'un jour, j'allais participer aux Jeux olympiques et remporter une médaille d'or. Je sais maintenant que ce ne sera pas possible. Toutefois, je sais que je suis un champion, et Dieu le sait aussi. Il sait que je n'abandonne jamais. Lorsque je serai au paradis, Dieu me remettra ma médaille d'or et quand tu viendras me rejoindre, je te la montrerai. Merci de ton amitié.

Ton ami,
Matthew

Rick Metzger

Desiderata

Va en toute quiétude malgré le bruit et l'agitation qui t'entourent, et rappelle-toi que la paix se trouve parfois dans le silence. Dans la mesure du possible et sans tomber dans la complaisance, reste en bons termes avec tout le monde. Exprime ce que tu es, sobrement mais clairement; écoute les autres, même ceux qui sont ennuyeux ou ignorants; eux aussi ont une histoire à raconter.

Évite les gens tapageurs et agressifs; ils sont une offense à l'esprit. Si tu te compares aux autres, tu risques de céder à la vanité ou à l'amertume, car tu croiseras toujours sur ton chemin des gens plus grands ou plus petits que toi. Réjouis-toi de tes réalisations aussi bien que de tes projets.

Montre de l'intérêt pour ton travail, aussi humble soit-il; c'est ce que tu as de plus solide pour affronter les aléas de l'existence. Fais preuve de prudence dans tes affaires; le monde est rempli de pièges. Ne laisse toutefois pas cette prudence te cacher la vertu qui existe; beaucoup de gens poursuivent de nobles idéaux, et partout tu verras l'héroïsme.

Reste toi-même. Surtout, ne feins pas l'affection. Ne sois pas cynique à l'endroit de l'amour, car en dépit de l'aridité et du désenchantement de la vie, l'amour est aussi vivace que l'herbe.

Accepte de bonne grâce le passage du temps, renonce avec dignité aux choses de la jeunesse. Cultive la force de caractère afin de te protéger des revers de fortune, mais ne laisse pas ton imagination t'entraîner à la dérive. La fatigue et la solitude engendrent souvent la peur. Impose-toi une discipline solide tout en demeurant indulgent envers toi-même.

Tu es un enfant de l'univers au même titre que les arbres et les étoiles; tu as le droit d'exister. Et que tu en sois conscient ou non, l'univers est à l'œuvre comme il se doit.

Par conséquent, sois en paix avec Dieu, quelle qu'en soit ta conception; peu importe ton labeur et tes aspirations, en dépit des désordres de l'existence, reste en paix avec ton âme.

Malgré les impostures, les ingratitudes, les rêves brisés, le monde est un lieu merveilleux. Réjouis-toi. Aspire au bonheur.

Max Ehrmann

La danse

Je me rappelle cette danse
Que tu m'accordas sous un ciel étoilé;
Pendant un bref instant,
Ce fut le paradis sur terre,
Comment pouvais-je savoir qu'un jour
Tu me dirais adieu?

Tant mieux si j'ignorais
Comment tout cela allait finir
Comment tout cela allait tourner.
Il vaut mieux laisser faire la providence,
Car si je n'avais pas connu ce chagrin,
J'aurais également manqué cette danse.

En te tenant dans mes bras, j'avais le monde à mes pieds,
Pendant un instant, je me sentis tel un roi,
Mais j'aurais peut-être agi autrement
Si j'avais su que cela ne durerait pas.

Tant mieux si j'ignorais
Comment tout cela allait finir
Comment tout cela allait tourner.
Il vaut mieux laisser faire la providence,
Car si je n'avais pas connu ce chagrin,
J'aurais également manqué cette danse.

Il vaut mieux laisser faire la providence,
Car si je n'avais pas connu ce chagrin,
J'aurais également manqué cette danse.

Tony Arata

7

LE POUVOIR DE CHANGER LES CHOSES

On a rarement l'occasion
de poser de grands gestes de bonté,
mais on a tous les jours la chance
d'en poser de petits.

Sally Koch

Qu'est-ce que la réussite?

Qu'est-ce que la réussite?
C'est rire beaucoup et souvent;
C'est gagner le respect de gens intelligents
Tout autant que l'affection des enfants;
C'est mériter l'appréciation de gens honnêtes
Et supporter la trahison de faux amis;
C'est apprécier la beauté des êtres;
C'est trouver en chacun le meilleur;
C'est apporter sa contribution, aussi modeste soit-elle:
Un enfant bien portant, un jardin en fleurs,
Une vie qu'on a rendue plus belle;
C'est savoir qu'on a facilité l'existence
De quelqu'un par notre simple présence.
Voilà ce qu'est la réussite.

Ralph Waldo Emerson

Les diplômés de l'an 2000

L'an passé, j'étais président du conseil étudiant de mon école secondaire à Asheville, en Caroline du Nord. C'était pour moi un grand honneur, car l'école comptait plus de 1 000 élèves. À la fin de l'année scolaire, on m'a demandé de faire un discours à l'occasion d'une fête organisée pour les élèves. Comme nous représentons la génération qui sera diplômée en l'an 2000, je me disais que je ne pouvais pas me limiter à quelques brefs commentaires; mon discours devait être à la hauteur des circonstances.

J'ai donc passé plusieurs soirées, allongé sur mon lit, à réfléchir aux paroles que je prononcerais. Plusieurs choses m'ont traversé l'esprit, mais aucune n'englobait tous les étudiants de mon niveau. Puis, un soir, une idée m'est venue. Comme notre école avait le plus haut taux de décrochage de toute la région, quoi de mieux que de proposer à mes camarades de poursuivre un seul et même objectif: que chacun de nous, sans exception, obtienne son diplôme d'études secondaires. Si je réussissais ce tour de force, nous deviendrions la première classe dans l'histoire de l'instruction publique à faire toutes nos études secondaires sans qu'un seul d'entre nous décroche, et à tous obtenir notre diplôme. Ne serait-ce pas impressionnant?

Le discours que j'ai prononcé au cours de la fête de fin d'année n'a duré que 12 petites minutes, mais il a été le point de départ d'une chose incroyable. Lorsque j'ai annoncé à mes camarades que je les mettais au défi de devenir la première classe de l'histoire dont tous les élèves obtiendraient leur diplôme d'études secondaires, l'assistance tout entière, y compris les parents, les grands-parents et les enseignants, a applaudi chaleureusement. Leur enthousiasme est devenu presque palpable quand j'ai montré l'attestation personnalisée et l'insigne que recevrait chaque élève. À la fin de mon discours, tous se sont levés pour m'accorder une ovation. J'ai essayé de garder mon sang-froid et de retenir mes larmes. Jamais je n'avais imaginé que mon défi susciterait une telle réaction.

Tout au long de l'été qui a suivi, j'ai travaillé à mettre au point un programme qui nous permettrait d'atteindre notre objectif. J'ai fait quelques discours devant des associations locales et j'ai discuté avec plusieurs de mes camarades. J'ai suggéré à notre directeur d'école de mettre sur pied une «patrouille anti-décrocheurs» qui serait composée de volontaires disposés à aider et soutenir les élèves en difficulté. Je lui ai révélé aussi mon intention de créer un chandail spécial pour nous distinguer des élèves plus vieux et de vendre ces chandails pour amasser les fonds nécessaires à la publication d'un répertoire des élèves de notre niveau. Enfin, je lui ai dit que ce serait une bonne idée de faire une fête à la fin de chaque semestre s'il n'y avait eu aucun abandon.

«J'ai une meilleure idée encore», m'a répondu le directeur. «Je vous organiserai une fête non pas à la fin de chaque semestre, mais à la fin de chaque étape.» Je n'en croyais pas mes oreilles, car une étape correspond à seulement dix semaines de classe, environ 50 jours! Mon projet commençait réellement à prendre forme.

Au cours de cet été-là, les rumeurs ont commencé à circuler au sujet de notre projet. Plusieurs stations de radio et de télévision locales m'ont invité à leurs émissions, un journal de la région m'a offert d'écrire une chronique, et j'ai reçu des appels téléphoniques d'un peu partout au pays. Un jour, j'ai reçu un appel en provenance de New York. C'était un journaliste de la chaîne de télévision CBS qui avait lu un article à mon sujet et qui voulait préparer un reportage sur mon projet, reportage qui serait diffusé à l'émission *48 Hours*. Puis, Ken Hamblin, animateur d'une émission radiophonique de lignes ouvertes diffusée à la grandeur des États-Unis, a parlé de nous dans l'édition de son livre, *Ken Hamblin Talks with America*. Il m'a aussi invité à participer à son émission, au cours de laquelle l'Amérique entière a entendu parler de notre projet. Tout ceci était absolument incroyable. J'avais dit à mes camarades que notre groupe deviendrait célèbre dans tout le pays si nous parvenions tous à obtenir notre diplôme d'études secondaires. Or, le projet était à peine commencé qu'on parlait déjà de nous partout.

Au moment où j'écris ces lignes, notre aventure en est encore à ses débuts. Nous venons de terminer 12 semaines de classe. Nos serments sont affichés près de l'entrée principale de l'école, juste devant le bureau du directeur. Sur le mur opposé se trouve une grande vitrine où nous avons installé une feuille de tôle sur laquelle est dessiné un énorme sablier. Dans la partie supérieure du sablier, on aperçoit tous les jours de classe qui restent avant la fin de nos études secondaires, chacun étant représenté par un petit aimant rond. C'est un comité de la «patrouille anti-décrocheurs» qui s'occupe du sablier. À chaque jour qui passe, quelqu'un prend un aimant et le place dans la partie inférieure du sablier. De cette façon, nous pouvons tous visualiser les jours qui s'écoulent. Au début, il y avait 728 petits aimants dans la partie supérieure du sablier; aujourd'hui, 60 sont rendus dans la partie inférieure et nous avons eu notre première fête. C'est très motivant de surveiller le déplacement des petits aimants.

Nous venons d'entamer un difficile périple qui durera quelques années encore, mais notre action a déjà commencé à porter fruit. L'an dernier, sans notre programme, 13 élèves avaient décroché avant la fin de leur première année d'études secondaires. Cette année, aucun des élèves qui ont signé le serment n'a abandonné, et notre «patrouille anti-décrocheurs» est devenue le groupe le plus important de notre école.

Les gens d'affaires, constatant ce qu'un programme dirigé par des adolescents peut accomplir, nous donnent leur appui le plus total. Des institutions financières, des concessionnaires automobiles, des magasins de meubles, des restaurants et d'autres commerces accordent des rabais aux élèves membres de la «patrouille anti-décrocheurs», ainsi qu'à leurs familles. Certains nous ont même offert des obligations d'épargne et de la marchandise que nous pouvons distribuer en guise de récompense aux élèves qui suivent le programme.

Le «comité de l'an 2000» de notre école t'encourage à lancer un programme similaire dans ton école. Ne serait-ce pas formidable si tous les élèves censés terminer leurs études secondaires en l'an 2000 obtenaient leur diplôme? Qui sait? Ce rêve pourrait devenir réalité!

Jason Summey

Note de l'éditeur: *Si vous désirez contacter Jason, voici ses coordonnées: Jason Summey, boîte postale 16844, Asheville, NC 28816. Téléphone: (704) 252-3573.*

Ouvre-toi aux autres

Ceux qui illuminent la vie des autres ne peuvent garder cette lumière pour eux seuls.

James M. Barrie

Il y a plus de 30 ans, dans le sud de la Californie, je fréquentais une école qui comptait 3 200 élèves d'origines ethniques diverses. C'était un milieu plutôt rude où couteaux, bouts de tuyau, chaînes, coups-de-poing américains et pistolets bricolés étaient monnaie courante. Les bagarres et les gangs de rue faisaient partie du quotidien.

À l'automne de 1959, après avoir assisté à un match de football avec ma petite amie, nous nous retrouvâmes sur le trottoir parmi la foule qui revenait du match. Je sentis alors quelqu'un me frapper dans le dos. Je me tournai et j'aperçus les membres d'un gang de rue qui étaient connus dans le coin, armés de coups-de-poing américains. Le premier coup de cette attaque absolument gratuite me brisa le nez, puis tomba une pluie de coups qui me fracturèrent plusieurs autres os. Ils étaient 15 à m'agresser et les coups fusaient de partout. Bilan: plusieurs blessures, une commotion cérébrale et une hémorragie interne. Plus tard, d'ailleurs, je dus subir une intervention chirurgicale. Si j'avais reçu un seul coup de plus à la tête, je serais probablement mort aujourd'hui, me révéla le médecin.

Heureusement, ma petite amie s'en tira indemne.

Une fois rétabli (physiquement parlant), des amis vinrent me voir pour me dire: «Il faut se venger de ces types!». Voilà comment on «réglait» les problèmes dans mon milieu. Si on était victime d'une attaque, la vengeance devenait la priorité absolue. Une partie de moi me poussait dans cette direction. Le soulagement que procure la vengeance était, en définitive, une option valable.

Pourtant, une autre partie de moi jusque-là restée silencieuse commença à dire non. La vengeance est une voie sans issue qui, comme l'histoire nous l'a maintes fois enseigné, ne fait qu'accélérer et intensifier les conflits. Si nous voulions briser le cercle vicieux de la violence, nous devions faire autre chose.

En collaboration avec des représentants de divers groupes ethniques, nous mîmes sur pied un comité baptisé «Main dans la main» qui avait pour mission d'améliorer les relations interraciales. Je fus étonné de l'intérêt que suscita chez les élèves cette occasion de bâtir un avenir meilleur. Il subsistait bien quelques poches de résistance, c'est-à-dire une minorité d'élèves, de parents et d'enseignants qui s'opposaient activement à ce type d'échanges interculturels, mais nous étions de plus en plus nombreux à unir nos efforts pour améliorer les choses.

Deux années passèrent et je me présentai au poste de président du conseil étudiant de l'école. Malgré le fait que mes deux adversaires et amis étaient favoris au départ, l'un une étoile de football et l'autre un garçon extrêmement populaire à l'école, une majorité significative des 3 200 élèves se joignirent à mon projet de faire changer les choses. Je ne prétendrai pas que les problèmes de nature raciale se réglèrent tous, mais je peux dire que les progrès furent tangibles sous plusieurs aspects. Les élèves intéressés apprirent comment créer des liens avec d'autres cultures, comment aborder et entrer en relation avec une personne d'une autre origine ethnique, comment résoudre des conflits sans violence et comment établir un climat de confiance dans des circonstances difficiles. Il est renversant de constater ce qui se produit quand les gens se parlent!

L'agression dont j'ai été victime aux mains d'un gang de rue a été, de loin, une des épreuves les plus difficiles de ma vie. Toutefois, ma décision de réagir en misant sur l'amour plutôt que sur la haine m'a souvent inspiré par la suite. Lorsqu'on s'ouvre à ceux qui ont de la difficulté à le faire, on acquiert le pouvoir de faire changer les choses.

Eric Allenbaugh

Le courage

Il y a quelques années, j'ai été témoin d'un geste courageux qui m'a donné des frissons dans le dos.

L'histoire se déroule lors d'une assemblée d'élèves dans le gymnase de l'école. Je viens tout juste de terminer mon intervention au sujet de l'habitude qu'ont certains de se moquer des autres et de la capacité de chacun d'entre nous de prendre la défense des autres au lieu de les rabaisser. Commence ensuite une période où les élèves se trouvant dans la salle sont invités à venir au microphone. S'ils le désirent, ils peuvent profiter de l'occasion pour remercier une personne qui les a aidés. Quelques-uns se lèvent d'ailleurs pour le faire. Parmi eux, il y a une fille qui remercie des amis qui l'ont soutenue alors qu'elle vivait des problèmes familiaux, puis un garçon qui mentionne des gens qui l'ont aidé à traverser une épreuve difficile.

C'est alors que s'avance une élève de dernière année. Elle s'approche du micro, pointe du doigt la section réservée aux élèves de deuxième année et interpelle l'école tout entière: «Cessons de nous en prendre à ce garçon. D'accord, il est différent de nous, mais nous formons tous une grande famille. À l'intérieur de lui, il est pareil à nous, et comme nous, il a besoin d'acceptation, d'amour, de compassion, d'approbation. Il a besoin d'amitié. Pourquoi passons-nous notre temps à le rudoyer, à le rabaisser? Je mets toute l'école au défi de lui tendre la main et de lui donner une chance!»

Tout au long de son intervention, je me trouve justement assis devant la section où se trouve ce garçon; comme je lui fais dos, je ne sais pas qui il est. De toute évidence, tous les élèves le connaissent. Je n'ose pas me retourner, certain que ce garçon est rouge de honte et qu'il essaie de se cacher sous son siège. Mais c'est plus fort que moi, je me retourne et j'aperçois un garçon qui est tout sourire. Il a l'air d'approuver ce que dit la fille, levant même son poing en l'air, comme s'il disait: «Merci mille fois! N'arrête pas de leur dire. Tu viens de me sauver la vie aujourd'hui!».

Bill Sanders

L'huître

Aujourd'hui, laisse-moi te raconter
L'histoire d'une huître infortunée.
Un jour, elle vit qu'un peu de sable
Dans sa coquille s'était infiltré.

Oh! Ce n'était qu'un grain minuscule,
Mais il lui causait un grand tourment.
Car, vois-tu, aussi placides soient-elles,
Les huîtres ne sont pas dénuées de sentiments.

L'huître décida-t-elle de maudire
Ce destin peu enviable
Qui la mettait ainsi sans prévenir
Dans un état si lamentable?

Se mit-elle à blâmer le gouvernement?
À exiger des élections?
À reprocher à l'océan,
De ne pas lui avoir accordé protection?

Non, se dit-elle après y avoir pensé,
Allongée dans son humble logis.
Si ce grain de sable est là pour rester,
Alors à moi d'en tirer profit.

Après des mois et des années
De vie commune avec le grain,
L'huître rencontra enfin sa destinée:
On la pêcha en vue d'un grand festin.

Et le minuscule grain de sable,
Qui lui avait causé tant de tracas,
Était devenu une magnifique perle
Qui brillait maintenant avec éclat.

La morale de cette histoire,
C'est qu'il est étonnant de constater
Ce qu'une huître a le pouvoir de faire
Avec un grain de sable qui s'est imposé.

Pense à tout ce que tu pourrais accomplir,
En faisant preuve de bonne volonté,
Si tu décidais d'embellir
Ce que tu vois comme des contrariétés.

Auteur inconnu

L'épreuve du feu

Melinda Clark borda Courtney en lui murmurant: «Bonne nuit, Corky». Il était dix heures du soir, l'heure de se mettre au lit. Melinda sourit, puis elle caressa la grosse bosse formée par l'énorme panda en peluche que Courtney avait enfoui sous ses couvertures. Melinda aimait bien partager sa chambre avec sa petite sœur de quatre ans; du haut de ses treize ans, elle se considérait un peu comme sa deuxième mère.

Melinda se glissa dans son lit, mais sans remonter les couvertures. C'était le mois de février et une bonne couche de neige recouvrait le sol gelé; la température était exceptionnellement douce ce soir-là, surtout pour la ville d'Everett, en Pennsylvanie.

Melinda sentit quelque chose d'humide se presser contre son visage. «Oh! Beau, tu es un bon chien.» Le colley miniature lui lécha la joue, sa queue tapotant le côté du lit pendant que Melinda caressait sa fourrure.

Melinda crut déceler une odeur de fumée dans l'air. C'était sûrement le poêle à bois du rez-de-chaussée; la fumée montait facilement jusqu'à l'étage. Melinda ferma les yeux.

Soudain, son frère de deux ans, Justin, fit irruption dans la chambre et la réveilla en sursaut. Il se précipita sur le lit de Melinda et la martela avec ses petits poings. «Maman bobo!». Son visage était cramoisi.

«Quoi?» Melinda se redressa sur son lit. En posant ses pieds nus par terre, elle sentit que le tapis était très chaud. Elle se leva. L'odeur de brûlé était de plus en plus forte.

Que se passait-il? Elle frotta son visage engourdi et courut dans le couloir qui séparait les deux chambres à coucher. Elle s'arrêta un instant; en ouvrant la porte qui surmontait l'escalier descendant au rez-de-chaussée, elle vit la fumée tourbillonnante qui s'engouffrait au-dessus des marches. Comme autant de mains qui essayaient de s'emparer d'elle, des flammes orange crépitaient et avançaient en sa direction. Elle couvrit son visage rougi par la chaleur et hurla.

«Wayne!» Melinda se tourna et appela son frère de 12 ans en criant. La lumière de la chambre de Wayne était allumée, mais la fumée qui s'épaississait l'empêchait de distinguer son lit. Finalement, vêtu d'un simple caleçon, Wayne se fraya un chemin dans le brouillard gris et trébucha sur Melinda.

«Ma fenêtre!», hurla Melinda.

Ensemble, ils se précipitèrent vers la grande fenêtre de la chambre de Melinda. Frénétiquement, Wayne tenta de déverrouiller le loquet de la fenêtre, dont le châssis inférieur lui arrivait à la hauteur de la poitrine.

«Tire! Pousse-le!»

«Je fais ce que je peux!»

Les stores de la fenêtre fondaient et des morceaux de plastique chauds brûlaient la peau de Wayne.

Melinda frappa de toutes ses forces sur le loquet. *Si on n'ouvre pas la fenêtre, on va tous mourir...*

Wayne se mit lui aussi à frapper sur le loquet.

Soudain, le loquet bougea et finit par céder. Ils se mirent alors à pousser sur la fenêtre, mais à cause de la chaleur, celle-ci refusait de s'ouvrir.

Agrippée à la robe de nuit rose de Melinda, Courtney pleurait et criait. La fumée dense l'étouffait et la faisait tousser.

Melinda sentait des picotements dans ses yeux. Elle serra les dents. Ces flammes n'auraient pas sa peau! «Wayne, pousse! Allez, ensemble!» Ils poussèrent sur la fenêtre. «Encore! Plus fort!» Elle toussa. De toute la force de ses 45 kilos, elle poussa sur la fenêtre.

Wayne redoubla d'efforts lui aussi et, sous leurs poussées conjuguées, la fenêtre s'ouvrit enfin.

Melinda cria à Wayne de grimper le long du toit en plastique de la véranda. Elle aida Courtney à sortir, puis elle enjamba à son tour le bord de la fenêtre.

Les trois enfants marchaient maintenant le long de l'arête du toit, cherchant un endroit par où descendre. Wayne sauta sur le sol et tendit les bras pour attraper les plus jeunes.

Melinda jeta alors un regard affolé à Wayne. «Justin! Où est Justin? *Justin!*» Elle hurla son nom. Il y a un instant, Justin était pourtant juste à côté d'eux!

Sans reprendre son souffle, elle rebroussa chemin et enjamba de nouveau le bord de la fenêtre.

«Justin!», cria-t-elle.

Elle atterrit à quatre pattes et se mit à ramper sur le tapis brûlant, la tête la plus basse possible pour éviter la fumée. Elle arriva au placard et tâtonna à l'intérieur. Justin n'était pas dans le placard. Elle essaya de crier, mais elle s'étouffa. On aurait dit qu'elle avait un morceau de charbon ardent en travers de la gorge. Sa robe de nuit emmêlée sous ses genoux brûlants, elle trébucha sur les animaux en peluche de Courtney, un chien et un canard d'un mètre et demi de haut qu'elle fit voler à l'autre bout de la pièce.

Justin était-il retourné dans sa chambre? Si c'était le cas, jamais elle ne pourrait traverser la fumée et les flammes qui se dirigeaient maintenant vers la porte et la fenêtre, comme si elles étaient aspirées par le vide.

Melinda se coucha complètement sur le sol et fouilla sous le lit de Courtney. Justin n'y était pas.

Elle eut un accès de toux et se prit la gorge. Elle ne pouvait presque plus respirer. Elle n'y arriverait pas.

En rampant vers la fenêtre pour sortir, elle entendit un bruit qui venait de sous son lit. Elle rebroussa chemin et fouilla sous le lit. Elle toucha de la fourrure. C'était leur chien Beau. Le chien gémit une autre fois et lécha sa main. Elle tendit le bras par-dessus Beau. Cette fois, elle sentit des cheveux. Justin. Ils avaient tous les deux trouvé refuge sous ce lit. *Beau, merci d'avoir gémi*, pensa-t-elle.

Elle agrippa Justin par les cheveux et le fit glisser vers elle. Justin s'accrocha à sa sœur à la manière d'un bébé koala tandis que Melinda rampa de nouveau vers la fenêtre.

Melinda aida son petit frère à sortir, puis elle s'avança pour faire de même, respirant goulûment quelques bouffées d'air. Toutefois, en posant le pied sur le toit, sa jambe s'enfonça jusqu'au genou dans le plastique fondu. Elle extirpa sa jambe du trou et marcha le long du toit.

Une seconde après, la fenêtre panoramique du rez-de-chaussée vola en éclats, projetant des morceaux de verre sur une distance de dix mètres.

Courtney et Justin se mirent à crier et à tirer sur la robe de nuit de Melinda, pointant du doigt le chien resté derrière.

«Beau!» s'écria-t-elle. Elle jeta un coup d'œil vers la fenêtre devenue la proie des flammes. «Oh! Beau!» Sa gorge se serra, mais sans perdre un instant, elle poussa les enfants qui atterrirent dans la neige, six mètres plus bas. Elle s'élança à son tour et écrasa presque Justin en touchant le sol.

Un policier qui avait vu l'incendie depuis la route rassembla les enfants et les emmena jusqu'à sa voiture, en se frayant un chemin dans la neige et les débris de verre.

«Maman!», cria Justin en pleurant.

«Où est maman?», demanda Melinda, qui se précipita aussitôt vers la maison des voisins. Elle vit alors sa mère qui courait vers elle les bras tendus. «J'appelais les secours», dit-elle d'une voix étouffée en serrant Wayne dans ses bras. «J'étais dans le sous-sol à m'occuper de la lessive. Je vous ai aperçus en haut de l'escalier et je vous ai crié de sortir.»

Le policier conduisit les enfants chez les voisins. Puis, on téléphona au père qui travaillait de nuit dans une manufacture.

Melinda s'effondra dans un fauteuil. Les voix et les visages tourbillonnaient autour d'elle. Elle s'évanouit pendant un moment. Lorsqu'elle retrouva ses esprits, elle se rendit compte qu'on la transportait en ambulance, toutes lumières allumées et sirène hurlante. Elle perdit conscience à quelques reprises encore avant d'arriver à l'hôpital.

On traita Melinda parce qu'elle avait inhalé de la fumée, comme ses frères et sa sœur. Les flammes avaient troué sa robe de nuit, mais le tissu qui avait collé sur sa peau n'avait causé aucune brûlure grave.

Melinda et Wayne présentaient quelques brûlures légères. Lorsque sa jambe avait passé au travers du toit de la véranda, Melinda s'était infligé des éraflures et des brûlures, tandis que le dos de Wayne montrait plusieurs petites brûlures causées par les morceaux de store. Courtney et Justin s'étaient fait quelques égratignures en «sautant» du toit. Leurs pyjamas étaient en lambeaux. Mais tous étaient sains et saufs.

Justin répétait sans cesse: «Un ange venu chercher Justin et lancé par la fenêtre. Un ange. C'est vrai!»

Ces propos arrachèrent un sourire à Melinda. Elle prit Justin dans ses bras et ferma les yeux.

On ne trouva pas la cause de l'incendie.

«C'est seulement le lendemain, en voyant les décombres, que j'ai eu vraiment peur», se rappelle aujourd'hui Melinda. «Lorsque nous sommes retournés dans ce qui était notre maison, c'était vraiment étrange: certaines choses étaient carbonisées, d'autres étaient intactes. Par exemple, le poisson, toujours vivant, nageait dans son bocal de la salle à dîner. Mais nos chambres n'existaient plus.»

Ses yeux bruns s'emplirent soudainement de larmes. «Beau n'a pas pu s'en sortir.» Elle baissa les yeux. «J'ai dû le laisser sous mon lit.»

Mais Justin, lui, était encore vivant grâce à Melinda qui avait rampé dans l'épaisse fumée pour le chercher. Avec courage et détermination, elle n'avait pas abandonné. En quelque sorte, oui, elle était un ange.

Barbara A. Lewis

Les ailes brisées

Tu es né avec des ailes, alors pourquoi te contentes-tu de ramper?

Rumi

Certaines personnes ne sont tout simplement pas faites pour réussir. C'est du moins ce que beaucoup d'adultes croient au sujet des enfants à problèmes. Peut-être avez-vous déjà entendu la phrase suivante: «Avec une aile brisée, on ne vole pas bien haut.» Je suis convaincu qu'on a incité T.J. Ware à se sentir ainsi presque chaque jour à l'école.

À 13 ans, T.J. traînait une réputation de fauteur de troubles dans toute la ville, à un point tel que les enseignants grimaçaient quand ils apercevaient son nom sur leur liste d'élèves. Peu bavard, T.J. refusait de répondre aux questions qu'on lui posait et se bagarrait tout le temps. Malgré qu'il avait échoué presque tous ses cours, T.J. était parvenu à se rendre à sa dernière année d'études secondaires, ses enseignants préférant lui accorder la note de passage plutôt que de l'avoir de nouveau comme élève l'année suivante.

J'ai rencontré pour la première fois T.J. à l'occasion d'une retraite de deux jours qui portait sur le leadership. Tous les élèves de l'école avaient été invités à participer au Programme AS. Ce programme visait à encourager les jeunes à s'engager activement dans leur communauté. T.J. était un des 405 élèves qui s'étaient inscrits. Lorsque j'arrivai à l'école à titre d'animateur de cette retraite, les responsables me donnèrent cet aperçu des participants: «Nous avons ici un éventail complet, depuis le président du conseil étudiant jusqu'à T.J. Ware, le garçon qui a le casier judiciaire le plus étoffé de toute l'histoire de notre ville.» Par ces paroles, je sentis que j'étais loin d'être le premier à entendre parler de ce garçon de façon négative.

Au tout début de la retraite, T.J. alla s'adosser au mur, à l'écart des autres élèves, et prit un air qui semblait dire «Allez-y, impressionnez-moi». Par la suite, il participa à contrecœur aux groupes de discussion et parla peu. Cependant, les jeux interactifs semblèrent l'intéresser. La glace fut définitivement rompue lorsque les groupes d'élèves commencèrent à faire le bilan des événements positifs et négatifs des mois précédents. T.J. avait quelque chose à dire à ce sujet, et ses coéquipiers accueillirent chaleureusement ses commentaires. Dès lors, T.J. sentit qu'il était membre à part entière du groupe et on le traita bientôt comme un leader. Ses propos étaient pertinents et tous l'écoutaient. T.J. était un garçon intelligent qui avait d'excellentes idées.

Le lendemain, T.J. participa avec entrain à toutes les activités. À la fin de la retraite, il se joignit à un comité qui allait monter un projet pour les sans-abri. La pauvreté, la faim et le désespoir ne lui étaient pas étrangers. Ses préoccupations et ses idées impressionnèrent d'ailleurs ses camarades, qui l'élurent vice-président du comité pour les sans-abri; dorénavant, ce serait lui qui guiderait le président du conseil étudiant dans ce dossier.

Le lundi suivant, T.J. arriva à l'école en pleine controverse. Un groupe d'enseignants protestaient auprès du directeur de l'école quant à l'élection de T.J. au poste de vice-président. La toute première activité organisée par le comité du projet sans-abri allait consister en une collecte de nourriture effectuée auprès de toute la population de la ville. Or, les enseignants ne concevaient pas qu'on puisse confier à un incapable comme T.J. la mission d'amorcer un important et prestigieux plan d'action qui s'étendrait sur trois ans. «Son casier judiciaire est long comme le bras et il s'organisera sûrement pour chaparder la moitié des denrées de la collecte», insistèrent les enseignants. Le directeur leur répéta que le programme AS avait justement pour objectif de révéler aux élèves leurs motivations positives et de les inciter à les mettre à profit jusqu'à ce qu'un changement véritable prenne place. Les enseignants quittèrent la rencontre en secouant la tête de découragement, persuadés que l'école se dirigeait tout droit vers un désastre.

Deux semaines plus tard, T.J. et ses amis prirent la tête d'un groupe de 70 élèves et commencèrent la collecte de nourriture. Ils fracassèrent le record de l'école: en seulement deux heures, ils amassèrent 2 854 boîtes de conserve. On put ainsi garnir les tablettes de deux banques alimentaires de la ville, et cette nourriture permit de subvenir aux besoins des familles pauvres pendant 75 jours. Le lendemain, le journal local couvrit l'événement en lui consacrant une page entière. On plaça l'article de journal sur le tableau d'affichage de l'école où tout le monde pouvait le lire. Pour une fois, la photo de T.J. était associée à quelque chose de positif; il avait dirigé une collecte record de nourriture. Chaque jour, cet article de journal lui rappelait ce qu'il avait accompli. On reconnaissait en lui l'étoffe d'un leader.

T.J. commença à se présenter à l'école chaque jour et, pour la première fois, à répondre aux questions de ses enseignants. Il prit la tête d'un deuxième projet au cours duquel il amassa 300 couvertures et 1 000 paires de chaussures à l'intention des sans-abri. Quant au projet de collecte de nourriture qui se poursuivait, T.J. et son groupe réussissaient maintenant à amasser 9 000 boîtes de conserve en une journée, ce qui répondait à 70 % des besoins pour l'année.

L'exemple de T.J. nous rappelle qu'un oiseau dont l'aile est brisée a simplement besoin d'un peu de soins. Une fois guéri, il peut voler plus haut que les autres. On a confié des responsabilités à T.J et il s'est montré à la hauteur. Aujourd'hui, il réussit plutôt bien à voler de ses propres ailes.

Jim Hullihan

8

À LA POURSUITE DE SES RÊVES

Norm, avoir un rêve n'a rien de stupide.
Ce qui est idiot, c'est de ne pas en avoir du tout.

Cliff Clavin, *Cheers*

La fille d'à côté

Te rappelles-tu,
Il y a de nombreuses années
Quand nous étions jeunes,
Nous avions l'habitude
De jouer ensemble toute la journée?

On dirait que c'était hier —
Le royaume de l'enfance,
Avec ses clowns et sa barbe à papa,
Et ses journées d'été
Qui semblaient ne pas vouloir se terminer.
On jouait à cache-cache
Pendant toute la soirée,
Puis on s'assoyait dehors sur les marches
Pour écouter les criquets,
Pour chasser les moustiques,
Pour parler de nos projets
Et de ce que nous ferions une fois grandes
Jusqu'à ce que nos mères nous disent de rentrer.

Te rappelles-tu aussi,
Cette tempête de janvier
Où il avait neigé toute la nuit,
Nous avions essayé de fabriquer
Un igloo comme les Esquimaux?
Te rappelles-tu ce jeu que nous avions inventé,
Nous ratissions les feuilles d'automne
Sur les terrains de tous les voisins
Pour faire un tas de feuilles énorme
Sur lequel nous sautions à pieds joints?

Te rappelles-tu ce jour
Où nous avions cueilli le thym
Qui poussait dans un coin de ta cour
Afin de le vendre aux voisins?
Et que dire de ce jour si beau
Où nous avions enfin roulé sur un vélo à deux roues,
Nous nous sentions libres comme des oiseaux
Et nous pouvions explorer le monde entier
Pendant toute la journée,
À condition, évidemment,
De ne pas trop nous éloigner.

Cette époque a passé si vite, cependant,
Nous avons grandi, nous avons vieilli,
Puis est arrivé un temps
Où nous nous sommes dit
Que nous étions trop vieilles
Pour jouer à cache-cache l'après-midi...
Et quand je te vois maintenant,
Je trouve que tu as drôlement changé,
Tu es telle une rose qui a fleuri prématurément
Et qui a succombé
À la froideur de février.

Ton blue-jean est de plus en plus serré à la taille,
Signe d'une enfance qui fait maintenant partie du passé,
Et ton visage est plutôt pâle
Tu n'as vraiment pas l'air bien.
Je te vois attendre à la fenêtre de ta chambre,
L'air renfrogné, surveillant la rue;
Tu ne souris plus que très rarement.
Puis une voiture s'arrête devant ta maison
Tu te dépêches d'aller vers elle
Une valise dans chaque main.
La voiture repart rapidement
Et la fille d'à côté est partie.

Et je repense avec nostalgie
À ces longues journées d'été
Où tôt dans l'avant-midi,
J'allais chez toi te chercher
Pour t'offrir de venir vivre avec moi
La grande aventure de l'été.

Ne veux-tu pas jouer avec moi, une dernière fois?
Nous sommes encore si jeunes...

Amanda Dykstra, 14 ans

Je reviendrai

Le monde est rempli à la fois de souffrance et de victoires sur la souffrance.

Helen Keller

Linda et Bob Samele se raidirent en approchant de la chambre d'hôpital. *Reste calme*, se répéta Linda en posant la main sur la poignée de la porte. *Ne le bouleverse pas, il l'est déjà suffisamment.*

Cet après-midi de verglas de décembre 1988, à la veille de Noël, leur fils de 15 ans, Chris, était parti en voiture avec cinq copains pour aller à Waterbury, une ville voisine de Torrington, au Connecticut, où ils habitaient. Le rire des six adolescents s'était transformé en hurlements lorsque leur voiture avait dérapé sur une plaque de glace et s'était écrasée contre le garde-fou. Trois des passagers, dont Chris, avaient été éjectés par la lunette arrière. L'un d'eux était mort sur le coup; un autre avait été grièvement blessé.

On avait trouvé Chris assis sur le terre-plein, fixant d'un regard hébété le sang qui coulait à flot de sa cuisse gauche. Cinq ou six mètres plus loin gisait le reste de sa jambe, sectionnée à la hauteur du genou par le câble du garde-fou. On l'avait transporté d'urgence à l'hôpital de Waterbury pour l'opérer. Ses parents avaient attendu presque sept heures avant de voir leur fils.

Maintenant, les yeux de Linda étaient remplis de larmes à la vue de son fils étendu sur un lit d'hôpital. Bob, qui travaillait aux postes, prit la main de Chris. «Papa, j'ai perdu ma jambe», dit doucement le jeune homme à son père. Bob hocha la tête et serra plus fort la main de son fils. Après un bref silence, Chris ajouta: «Est-ce que je pourrai continuer de jouer au basket-ball?»

Bob Samele lutta pour ne pas fondre en larmes. Le basket était depuis toujours la passion de Chris, et celui-ci était presque une légende dans sa ville. La saison précédente, à l'école St. Peter, Chris avait obtenu une moyenne remarquable de 41 points marqués par match. Cette année, à l'école Torrington High, Chris avait marqué 62 points en seulement deux matchs. «Un jour, je jouerai pour l'université Notre-Dame devant des milliers de personnes», avait-il coutume de dire en souriant. «Et vous serez là pour me voir jouer.»

Contemplant son fils maintenant handicapé, Bob Samele chercha ses mots. «Tu sais Chris», réussit-il à balbutier, «il y a plein de monde qui attend dans la salle d'attente, y compris Martin, ton entraîneur.»

Le visage de Chris s'illumina. D'une voix déterminée, il lança: «Papa, dis-lui que je serai de retour pour la prochaine saison. Je jouerai encore au basket-ball.»

En sept jours, Chris dut subir trois autres interventions chirurgicales à sa jambe. Dès le début, les médecins avaient vu qu'à cause de l'enchevêtrement de nerfs, d'artères et de muscles sectionnés, il serait impossible de rattacher la partie inférieure de la jambe. Chris allait devoir porter une prothèse.

Durant son séjour de trois semaines et demie à l'hôpital, un flot ininterrompu de visiteurs se rendirent au chevet de Chris. «Ne vous en faites pas pour moi», disait Chris dès qu'il sentait de la pitié à son endroit. «Je vais m'en tirer.» Derrière son moral d'acier se cachait une volonté inébranlable qu'alimentait sa foi. Cependant, bon nombre des médecins et des infirmières se montraient perplexes devant son optimisme.

Pendant son séjour, un psychiatre lui demanda: «Comment te sens-tu Chris? Ressens-tu l'envie de t'apitoyer sur ton sort?».

«Pas du tout», rétorqua Chris. «Je ne vois pas comment cela pourrait m'aider.»

«Te sens-tu amer ou révolté?»

«Non», dit Chris. «J'essaie de garder le moral.»

Lorsque ce psychiatre plutôt persistant quitta la chambre de Chris, le jeune garçon confia à ses parents: «Je pense que c'est *lui* qui a besoin d'aide!»

À l'hôpital, Chris ne ménagea aucun effort pour recouvrer sa force et sa coordination. Dès qu'il s'en sentit capable, il commença à lancer une balle en styromousse dans un panier qu'un ami avait fixé au mur de sa chambre. Sa physiothérapie, exigeante, comprenait des exercices le préparant à marcher avec des béquilles et des séances d'entraînement visant à améliorer son sens de l'équilibre.

Deux semaines après son admission à l'hôpital, les Samele, voulant aider leur fils, firent le pari de l'emmener à un match de basket de son école. «Demeurez près de lui», leur conseillèrent les infirmières qui appréhendaient sa réaction.

Chris afficha un calme inhabituel lorsqu'il entra en fauteuil roulant dans le gymnase bruyant. Toutefois, quand il passa devant les gradins, ses amis et ses coéquipiers se mirent à scander son nom et à le saluer de la main. Puis le directeur adjoint de l'école, Frank McGowan, annonça au microphone: «Nous avons un invité d'honneur ce soir. Je vous demande de souhaiter la bienvenue à Chris Samele!»

Étonné, Chris regarda autour de lui et vit les 900 spectateurs se lever et applaudir à tout rompre. Des larmes jaillirent de ses yeux. Jamais il n'oublierait cette soirée.

Le 18 janvier 1989, presque un mois après l'accident, Chris reçut son congé de l'hôpital. Pour ne pas prendre de retard dans ses études, un tuteur lui rendait visite à la maison tous les après-midi. Quand il n'étudiait pas, Chris allait à l'hôpital pour recevoir ses traitements. La douleur physique — quelquefois aiguë — faisait maintenant partie de son quotidien. Certains soirs qu'il regardait la télévision avec ses parents, il se mettait à se balancer silencieusement quand la douleur qui irradiait de son moignon le faisait souffrir.

Puis, un après-midi glacé d'hiver, Chris se traîna jusqu'à ses béquilles et se rendit en boitillant au garage délabré où il avait appris à lancer un ballon de basket. Il mit ses béquilles de côté, prit son ballon et jeta un coup d'œil autour de lui pour s'assurer qu'il était seul. Puis, sautillant sur une seule jambe, il commença à lancer le ballon au panier. À plusieurs reprises, il perdit l'équilibre et tomba sur l'asphalte. Chaque fois, il se releva, sautilla pour récupérer le ballon et continua à lancer. Après 15 minutes, il se sentit épuisé. *Ça sera plus long que je ne le pensais*, songea-t-il en retournant lentement chez lui.

Le 25 mars, un vendredi saint, Chris reçut sa première prothèse. Enthousiasmé par sa nouvelle jambe, il demanda à Ed Skewes, directeur du département d'orthopédie de l'hôpital, s'il pouvait maintenant recommencer à jouer au basket. Surpris du sérieux de Chris, Skewes répondit: «Allons-y un jour à la fois.» Le médecin savait qu'il fallait environ une année pour s'habituer à *marcher* avec une prothèse; alors le basket-ball....

Dans le sous-sol de sa maison, Chris consacra de longues heures à apprendre à marcher avec sa jambe artificielle. Déjà qu'il avait trouvé difficile de lancer le ballon sur une seule jambe, le faire avec une prothèse était encore plus ardu. Il ratait la plupart de ses lancers et s'effondrait souvent sur le plancher.

Lorsqu'il se sentait découragé, Chris se rappelait une conversation qu'il avait eue avec sa mère. Après une journée particulièrement éprouvante, il lui avait demandé si elle croyait qu'il pourrait un jour recommencer à jouer au basket. «Tu devras redoubler d'efforts si tu veux jouer de nouveau», répondit-elle. «Cependant, je pense que tu en es capable.» Sa mère avait raison, il en était persuadé. Seulement, il allait falloir travailler dur et persévérer.

Au début du mois d'avril, Chris retourna à l'école et se sentit aussitôt membre à part entière de son groupe d'amis, sauf quand ceux-ci jouaient au basket-ball. Après l'école, ses copains se rassemblaient pour jouer au basket sur un terrain extérieur. Pendant plusieurs semaines, Chris se contenta de rester sur les lignes de côté à regarder ses amis courir. Puis, un après-midi du mois de mai, il arriva habillé pour jouer au basket. Sans hésiter, il sauta sur le terrain sous le regard étonné de ses amis.

Au début, Chris se limitait à lancer le ballon depuis les lignes extérieures du terrain, éprouvant un plaisir intense chaque fois qu'il réussissait un panier. Cependant, dès qu'il essayait de courir avec le ballon, de sauter jusqu'au panier ou d'attraper un rebond, il tombait par terre. «Allez Chris, tu es capable», lui criaient alors ses amis. Mais Chris voyait bien qu'il ne pouvait plus jouer au basket, du moins plus comme avant.

Lors d'un match disputé dans le cadre d'un tournoi d'été, Chris essaya de récupérer un rebond et brisa le pied de sa prothèse. *Je rêve en couleurs, peut-être. Je ne suis peut-être plus capable de jouer au basket*, pensa-t-il lorsqu'il sortit du terrain en clopinant.

Pourtant, au bout d'un moment, Chris se dit qu'il ne lui restait qu'une chose à faire: redoubler d'efforts. Il commença donc un entraînement quotidien. Chaque jour, il s'exerça à lancer, à dribbler, à lever des poids et haltères. Après chaque séance d'entraînement, il enlevait délicatement sa prothèse ainsi que les quatre chaussettes trempées de sueur dont il recouvrait son moignon pour le protéger. Ensuite, il se douchait et grimaçait chaque fois que le savon touchait les ampoules qui venaient de se former. Toutefois, la douleur le dérangeait de moins en moins, car il se voyait recouvrir ses habiletés d'antan. *Je vais y arriver. Pas l'année prochaine. Dès cette année!*

Le lendemain du jour de l'Action de grâce, Bob Anzellotti, l'entraîneur de basket, rassembla les joueurs nerveux et pleins d'espoir qui tentaient de faire partie de l'équipe de l'école Torrington High. Son regard s'arrêta sur Chris Samele.

Le camp d'essai dura deux jours et personne ne mit plus d'ardeur au travail que Chris. Il dribbla en se faufilant entre les défenseurs, il plongea pour récupérer les ballons perdus, bref, il ne ménagea aucun effort pour prouver aux autres qu'il était encore capable de jouer au basket. Tous les jours, comme les autres, il fit dix tours du gymnase à la course, toujours bon dernier, mais réussissant chaque fois à franchir le fil d'arrivée.

Le lendemain de la dernière séance d'entraînement, Chris se précipita avec les autres pour voir la liste des joueurs qui formeraient l'équipe. *Tu as donné ton maximum*, se disait-il en examinant la liste par-dessus l'épaule d'un camarade. *Samele*. Son nom était là! Il faisait de nouveau partie de l'équipe!

Quelques jours plus tard, Anzellotti invita ses joueurs à une rencontre d'équipe. «Chaque année, nous désignons un capitaine de l'équipe et nous le nommons pour sa capacité d'inspirer ses coéquipiers. Cette année, notre capitaine sera... Chris Samele.» Tous les joueurs applaudirent avec enthousiasme.

Le soir du 15 décembre 1989, presque un an jour pour jour après l'accident, 250 personnes prirent place dans les gradins pour assister au match qui allait marquer le retour au jeu de Chris.

Dans le vestiaire, les mains de Chris tremblèrent légèrement lorsqu'il enfila le maillot marron de l'équipe. «Tout va bien se passer», lui dit Anzellotti. «Essaie seulement de ne pas trop en faire; c'est ton premier match.» Chris hocha la tête. «Je sais», répondit-il doucement. «Merci.»

Peu après, il sauta sur le terrain avec ses coéquipiers pour participer au réchauffement d'avant-match. Presque tous les spectateurs se levèrent pour l'encourager. Émus de voir leur fils porter de nouveau l'uniforme de Torrington High, Linda et Bob refoulèrent leurs larmes. Linda fit une prière silencieuse: *Seigneur, faites que tout se passe bien.*

Malgré ses efforts pour rester calme, Chris ne put réprimer sa nervosité. Pendant le réchauffement, la plupart de ses lancers au panier ratèrent la cible. «Reste calme, détends-toi», lui chuchota son entraîneur. «Prends ton temps.»

Lorsque les joueurs se rassemblèrent au centre du terrain pour la première mise au jeu, Chris occupait la position de garde. Une fois le ballon en jeu, il se mit à jouer un jeu serré quoique peu orthodoxe. Il réussissait à suivre ses coéquipiers, mais ses mouvements étaient maladroits et il ne parvenait pas à établir son rythme. À plusieurs reprises, le ballon qu'il lança ne toucha même pas le cerceau. D'habitude, lorsque cela arrivait, les enfants qui assistaient au match se mettaient à crier: «Raté! Raté!». Cette fois, ils restèrent silencieux.

Après huit minutes de jeu, Chris fut rappelé sur le banc pour lui permettre de reprendre son souffle. Lorsqu'il resta deux minutes de jeu, il revint sur le terrain. *Allez Chris*, se dit-il. *C'est pour jouer au basket que tu as travaillé si fort. Montre-leur de quoi tu es capable.* Quelques secondes après, il réussit à se démarquer à environ six mètres du panier adverse. Un coéquipier lui passa le ballon. Réussir un panier de trois points sur une telle distance était difficile pour n'importe quel joueur. Sans hésiter, Chris s'arrêta et effectua un haut lancer courbe. Le ballon se dirigea vers le panier et tomba en plein milieu du filet.

Le gymnase retentit de cris et de hourras. «Beau coup, Chris!», cria Bob Samele, sa voix brisée par l'émotion.

Une minute plus tard, Chris saisit un rebond à travers une forêt de bras tendus, parvint à se dégager de la mêlée et fit ricocher le ballon sur le panneau. Le ballon retomba encore dans le filet. De nouveau, les spectateurs l'acclamèrent. Cette fois, voyant son fils courir en sautillant sur le terrain, le poing levé, le sourire triomphant, Linda Samele ne put retenir ses larmes. *Tu as réussi Chris*, se répéta-t-elle. *Tu as réussi.*

Au grand plaisir de la foule, Chris continua à jouer avec intensité. Une fois seulement, il perdit pied et tomba. Lorsque la sirène indiquant la fin du match retentit, il avait marqué 11 points et Torrington avait remporté la victoire.

Plus tard dans la soirée, à la maison, Chris rayonnait. «Je me suis bien débrouillé, n'est-ce pas, papa?»

«Tu as joué comme un champion», répondit Bob en le serrant très fort dans ses bras.

Après avoir discuté du match avec son père, Chris monta gaiement à sa chambre. Ses parents savaient que dans l'esprit de Chris, cette soirée n'était que le commencement.

Lorsqu'elle éteignit les lumières pour la nuit, Linda se remémora un certain après-midi, peu de temps après l'accident, où elle avait ramené son fils à la maison après une séance de physiothérapie à l'hôpital. Chris était resté silencieux, le regard lointain, puis il avait dit: «Maman, je sais pourquoi j'ai eu cet accident.» Étonnée, sa mère demanda: «Pourquoi?».

Le regard tout aussi lointain, Chris avait répondu simplement: «Dieu savait que je pourrais m'en sortir. Il m'a sauvé la vie parce qu'il savait que je pourrais m'en sortir.»

Jack Cavanaugh

Note des éditeurs: *Chris Samele a joué avec brio pour l'équipe de basket-ball de son école pendant toutes ses études secondaires. Il a également joué en simple et en double dans l'équipe de tennis de son école. Il a été membre de l'équipe de tennis du Western New England College de Springfield, au Massachusetts, et il a joué au basket-ball dans la ligue intra-collégiale ainsi que dans les ligues d'été de la région de Torrington. Samele espère être un jour entraîneur de basket-ball.*

Ce n'est que moi

D'aussi loin que je me rappelle, j'ai toujours su que j'avais du talent,
Car les gens me répétaient «Tu réussiras un jour, c'est une question de temps».
Mais jamais on ne m'a dit comment je m'en tirerais,
Si, un jour, un adversaire supérieur à moi se présentait.

Dans ma propre cour, nul ne m'égale,
Tous ces ballons au panier, je les réussis sans mal.
Mais voilà que cet homme qui me fait face
Semble ignorer que c'est moi, le roi de ma rue.

La pression commence à m'étouffer; je m'affole.
Mes passes à mes coéquipiers sont trop molles,
Mes sauts sont maladroits, mes dribbles incertains,
Mes mains tremblent, bref, je perds mes moyens.

C'est la faute de mes coéquipiers: ils ne comprennent rien;
C'est la faute de l'entraîneur: quel triste crétin;
C'est la faute de l'arbitre: ses yeux sont bouchés;
Ce n'est surtout pas de ma faute, car je suis le meilleur, j'en reste persuadé.

Puis soudain, dans un éclair, je comprends
Que le reflet dans le miroir me ressemble étrangement.
Ce n'étaient pas mes coéquipiers qui échappaient le ballon,
Ni mon entraîneur qui faisait le fanfaron.

Je considérais mon image comme la perfection
Alors que mon mépris devait faire place à l'amélioration.
J'ai donc cessé de blâmer et commencé à progresser,
Mon jeu s'est amélioré, tout le monde a pu le remarquer.

Je sais maintenant que j'ai de bons coéquipiers
Et que sur eux je peux toujours compter.
Je m'aime davantage depuis que j'ai compris avec bonheur
Que rester soi-même vaut mieux qu'être le meilleur.

Tom Krause

Si tu ne profites pas de tes rêveries et de ton imagination pour échafauder des projets, tu n'iras jamais bien loin. Il faut toujours commencer quelque part.

Robert Duvall

Helen Keller et Anne Sullivan

La connaissance, c'est l'amour, la lumière, l'art de voir.

Helen Keller

Note des éditeurs: *Helen Keller est devenue sourde et aveugle à l'âge de deux ans par suite d'une maladie. Au cours des cinq années qui ont suivi, elle a grandi dans un monde de ténèbres et de silence avec pour seules compagnes la peur et la solitude. Voici l'histoire de sa rencontre avec une institutrice qui transforma sa vie à jamais.*

Jamais je n'oublierai ce jour où Anne Mansfield Sullivan, une institutrice, entra dans ma vie. Que deux êtres aussi différents qu'elle et moi aient pu se lier à ce point m'étonne encore.

Notre première rencontre eut lieu le 3 mars 1887, trois mois avant mon septième anniversaire de naissance. Cet après-midi-là, j'attendais sur la véranda, l'œil un peu vide. D'après les gestes de ma mère et le va-et-vient autour de la maison, je pressentais qu'un événement inhabituel était sur le point de se produire. Je m'approchai donc de la porte et attendis sur le seuil. À travers le chèvrefeuille qui tapissait la véranda, le soleil réchauffait mon visage. Presque sans m'en rendre compte, j'effleurai du bout des doigts les jeunes feuilles et les bourgeons qui annonçaient la venue du printemps. J'ignorais ce que l'avenir me réservait de merveilleux ou d'inattendu. Pendant des semaines, j'avais été en proie à la colère et à l'amertume, puis cette humeur orageuse avait laissé place à une profonde lassitude.

Avez-vous déjà navigué en mer à travers un brouillard si épais qu'une obscurité blanche presque palpable semble vous emprisonner, que l'équipage, tendu et anxieux, se dirige à l'aveuglette vers le rivage à l'aide d'un plomb et d'une sonde et que pendant ce temps, vous attendez, le cœur battant, espérant que quelque chose se produise? Je me sentais exactement ainsi avant que ne débute mon éducation, sauf que je n'avais ni compas ni sonde, ni aucun moyen de savoir si j'approchais du port. «De la lumière! J'ai besoin de lumière!», implorait silencieusement mon âme. C'est justement la lumière de l'amour qui me parvint ce jour-là.

Je sentis des pas s'approcher. Croyant que c'était ma mère, je tendis la main. Quelqu'un la saisit, puis je fus attirée dans les bras de celle qui était venue pour me révéler les merveilles de l'univers et, surtout, pour m'aimer.

Le lendemain de son arrivée, mon institutrice m'emmena dans sa chambre et m'offrit une poupée. J'appris plus tard que cette poupée était envoyée par des enfants aveugles de l'institut Perkins et avait été habillée par Laura Bridgman. Je me mis donc à jouer avec la poupée, et Mlle Sullivan épela lentement au creux de ma main le mot «p-o-u-p-é-e». Ce petit jeu de doigts m'intéressa aussitôt et j'essayai de l'imiter. Lorsque je parvins finalement à épeler ce mot correctement, des sentiments de joie et de fierté tout enfantins m'envahirent. Je dévalai les escaliers, puis, la main ouverte sous les yeux de ma mère, je traçai les lettres du mot poupée. Je ne savais pas que j'étais en train d'épeler un mot, ni même ce qu'était un mot; en traçant les lettres avec mes doigts, j'imitais des gestes à la manière d'un singe. Pendant les jours qui suivirent, j'appris à épeler plusieurs mots grâce à cette méthode inhabituelle, des mots comme bon, moi, toi, et quelques verbes comme asseoir, debout, marcher. Il fallut plusieurs semaines, cependant, avant que je comprenne que chaque chose avait un nom.

Un jour que je jouais avec ma nouvelle poupée, Mlle Sullivan déposa sur mes genoux ma vieille poupée de chiffon, épela le mot «p-o-u-p-é-e» et essaya de me faire comprendre que ce mot désignait autant la vieille poupée que la nouvelle. Un peu avant, nous avions eu des problèmes au sujet des mots «tasse» et «eau». Mlle Sullivan avait tenté de me faire comprendre que «t-a-s-s-e» désignait une tasse et que «e-a-u» désignait de l'eau; j'avais toutefois été incapable de faire la distinction entre les deux. En désespoir de cause, elle était passée à un autre sujet mais y était revenue peu après. Ses tentatives répétées m'impatientèrent; j'empoignai donc la nouvelle poupée et la lançai par terre. Cette explosion de colère ne fit naître en moi aucun remords ni regret. Au contraire, je tressaillis de plaisir en sentant à mes pieds la poupée en morceaux. Cette poupée, je ne l'aimais pas. L'univers silencieux et noir où je vivais était dénué de sentiments forts ou de tendresse. Lorsque mon institutrice balaya les morceaux de poupée vers le foyer, je me sentis soulagée de voir la cause de mon malaise disparaître. Lorsqu'elle m'apporta mon chapeau, je compris que j'allais retrouver les chauds rayons du soleil. Cette pensée, si on peut appeler pensée une sensation qui ne peut s'exprimer en mots, me fit trépigner de joie.

Nous marchâmes dans le sentier menant au puits, attirées par le parfum du chèvrefeuille qui le recouvrait. Quelqu'un était en train de puiser de l'eau. Mon institutrice plaça ma main sous le filet d'eau et, pendant que l'eau froide coulait sur mes doigts, elle prit mon autre main et épela le mot «eau», d'abord lentement, puis de plus en plus rapidement. Je restai immobile, concentrant toute mon attention sur les mouvements de son doigt. Puis, tout à coup, une idée vague commença à prendre forme dans mon esprit, comme une sensation de déjà-vu. C'est ainsi que le mystère du langage se révéla à moi. Je compris que «e-a-u» désignait cette chose merveilleusement fraîche qui coulait sur ma main. Ce mot vivant éveilla mon âme et me donna lumière, espoir, bonheur et liberté. Il subsistait des barrières, certes, mais ces barrières pouvaient un jour être surmontées.

Je quittai le puits avec la soif d'apprendre. Toute chose avait un nom et chaque nom donnait naissance à une nouvelle pensée. Pendant que nous retournions à la maison, chaque objet que je touchai me sembla déborder de vie. Désormais, la vie m'apparaissait sous un jour nouveau et étrange. En arrivant à la maison, je me souvins de la poupée brisée. Je marchai à tâtons jusqu'au foyer, ramassai les morceaux et essayai en vain de les remettre ensemble. Mes yeux se remplirent de larmes, car je venais de comprendre ce que j'avais fait; pour la première fois, j'éprouvais du remords.

Ce jour-là, j'appris un tas de mots nouveaux. Je ne me les rappelle pas tous, mais je sais qu'il y avait les mots mère, père, sœur, institutrice. Comme par magie, ces mots firent éclore mon univers. Je ne crois pas qu'il y avait une enfant plus heureuse que moi lorsque je me couchai, au terme de cette journée mouvementée, et que je songeai aux joies qu'elle m'avait apportées. Pour la première fois, j'attendis le lendemain avec impatience.

Helen Keller

Note des éditeurs: *Helen Keller a poursuivi ses études et décroché un diplôme avec mention à Radcliffe. Elle a ensuite consacré le reste de sa vie à enseigner et à redonner espoir aux sourds et aux aveugles, comme l'avait fait son institutrice. Helen est demeurée l'amie de Anne jusqu'au décès de celle-ci.*

Les fossoyeurs de l'école

Les gens blâment sans cesse les circonstances pour expliquer ce qu'ils sont. Je ne crois pas aux circonstances. Les gens qui font leur chemin dans la vie sont ceux qui se lèvent le matin et qui partent à la recherche des circonstances auxquelles ils aspirent. Et s'ils ne les trouvent pas, ils les créent.

George Bernard Shaw

Les leçons les plus importantes que l'école nous enseigne vont bien au-delà de la capacité de répondre correctement à des questions d'examen. Ces leçons sont celles qui nous transforment en nous montrant ce que nous sommes vraiment capables d'accomplir. Avec des instruments de fanfare, nous pouvons jouer une musique merveilleuse. Avec de la toile et un pinceau, nous pouvons exprimer notre vision du monde. En faisant un bon travail d'équipe, nous pouvons surmonter les difficultés et gagner la partie. Cependant, aucun examen, quel qu'il soit, ne peut nous enseigner la leçon la plus importante de toutes: nous avons tous l'étoffe des gagnants.

Peu de temps après la sortie du film *Jeremiah Johnson* mettant en vedette Robert Redford, mes camarades de classe et moi, alors au secondaire, avons discuté de l'histoire de ce film. Nous avons parlé du côté fruste et dur du coureur des bois qu'était le personnage principal, mais aussi de son côté aimable et doux, de son amour profond de la nature et de son désir d'en faire partie. Pendant la discussion, notre enseignant, M. Robinson, nous a posé une question des plus inhabituelles: à notre avis, où avait-on enterré la dépouille de Jeremiah Johnson? Nous avons alors appris avec stupéfaction que ce célèbre coureur des bois reposait tout près de la San Diego Freeway, une autoroute qui traverse le sud de la Californie.

«Trouvez-vous que ce lieu de sépulture est approprié?», nous a demandé M. Robinson.

«Non!», avons-nous répondu en chœur.

«Croyez-vous qu'on peut faire quelque chose pour réparer cette erreur?», a-t-il demandé encore, un sourire en coin.

«Oui!», avons-nous dit dans une innocente ferveur.

M. Robinson nous a regardés droit dans les yeux et, après un long silence qui nous a tenu en haleine, il nous a posé une question qui allait changer à jamais la façon dont certains d'entre nous voyaient la vie: «Croyez-vous être à la hauteur de cette mission?».

«Quoi?»

Que voulait-il insinuer? Nous n'étions que des enfants de douze ou treize ans! Que pouvions-nous faire?

«Il existe un moyen de corriger cette erreur», dit-il. «C'est un moyen difficile qui réserve probablement quelques déceptions, mais ce moyen existe.» Il a ensuite ajouté qu'il nous aiderait si nous promettions de ne ménager aucun effort et de ne jamais abandonner.

En acceptant le défi qu'il nous lançait, nous ne savions pas que nous entreprenions alors la mission la plus périlleuse de notre jeune existence.

Nous avons d'abord envoyé des lettres à tous les gens susceptibles de pouvoir nous aider: des politiciens, des propriétaires de cimetières, et même Robert Redford. Peu après, nous avons commencé à recevoir des réponses. On nous remerciait de l'intérêt que nous portions à cette cause tout en ajoutant qu'il était malheureusement impossible de faire quoi que ce soit. Plusieurs d'entre nous ont alors eu envie de jeter l'éponge. En fait, n'eut été de la promesse faite à M. Robinson, c'est ce que nous aurions fait. Au lieu d'abandonner, toutefois, nous avons continué à envoyer des lettres.

Après avoir décidé de parler de notre projet au plus grand nombre de gens possible, nous avons contacté les journaux. Finalement, un journaliste du *Los Angeles Times* est venu nous voir en classe pour faire une interview. Nous lui avons expliqué ce que nous tentions d'accomplir et lui avons fait part de notre déception face au manque d'intérêt de nos interlocuteurs. Un article de journal éveillerait peut-être l'opinion publique.

«Robert Redford a-t-il répondu à votre lettre?», a demandé le journaliste.

«Non», avons-nous répondu.

Deux jours plus tard, notre histoire a fait la première page du journal. On y expliquait que notre classe essayait de réparer l'injustice commise à l'endroit de cette légende américaine et que personne ne nous aidait, pas même Robert Redford. On avait d'ailleurs placé une photo de l'acteur à côté de l'article. Le même jour, alors que nous étions tous assis à nos pupitres, le directeur de l'école est venu dire à M. Robinson qu'on le demandait au téléphone. Notre enseignant s'est donc absenté quelques minutes. Lorsqu'il est revenu, son visage avait une expression que nous ne lui connaissions pas. «Devinez qui était à l'autre bout du fil...»

C'était Robert Redford. Il avait expliqué à notre enseignant qu'il recevait des centaines de lettres par jour, que notre lettre ne s'était malheureusement pas rendue jusqu'à lui, mais qu'il était très intéressé à nous donner un coup de main. Tout à coup, notre équipe venait non seulement de grossir ses rangs, mais de gagner en pouvoir et en influence.

Quelques mois plus tard, une fois tous les documents officiels remplis, notre enseignant et un petit groupe d'élèves se sont rendus au cimetière pour assister à l'exhumation de la dépouille. On avait enterré Jeremiah Johnson dans un vieux cercueil de bois maintenant réduit à deux ou trois planches pourries. Du coureur des bois, il ne restait que quelques os. Les préposés du cimetière ont soigneusement recueilli ces restes et les ont déposés dans un cercueil tout neuf.

Quelques jours plus tard, dans un ranch du Wyoming, une cérémonie a eu lieu à la mémoire de Jeremiah Johnson; ses restes ont ensuite été enterrés dans cette nature sauvage qu'il avait tant aimée. Robert Redford a été l'un des porteurs.

À partir de ce moment, les autres élèves de l'école se sont mis à nous appeler les «fossoyeurs»; personnellement, nous nous considérions plutôt comme des «chasseurs de rêves». Cette année-là, nous en avons beaucoup appris sur la rédaction de lettres efficaces, sur le fonctionnement du gouvernement et, même, sur les démarches importantes qu'il faut faire pour accomplir une chose aussi simple que le déplacement d'une sépulture. Mais ce que nous avons appris, surtout, c'est que rien ne vient à bout de la persévérance et que même un groupe de jeunes adolescents peut réussir à changer des choses.

Nous savons maintenant que nous portons en nous l'étoffe des gagnants.

Kif Anderson

Le garçon qui parlait aux dauphins

Ce que tu reçois peut t'aider à gagner ta vie; ce que tu donnes peut t'aider à la bâtir.

Arthur Ashe

Tout commença par un grondement sourd qui brisa le silence de l'aube en ce jour de janvier 1994. En quelques minutes, la grande région de Los Angeles fut en proie à un des tremblements de terre les plus destructeurs de son histoire.

Au parc d'attractions Six Flags Magic Mountain, situé à une quarantaine de kilomètres au nord de la ville, trois dauphins se trouvaient seuls avec leur terreur. Ils nageaient frénétiquement en rond; autour d'eux, des colonnes de ciment s'effondraient sur le bord de la piscine et des tuiles du toit tombaient dans l'eau.

Une soixantaine de kilomètres plus au sud, un coup de tonnerre fit tomber de son lit un jeune homme de 26 ans du nom de Jeff Siegel. Après avoir rampé jusqu'à la fenêtre et vu la ville dans tous ses états, il ne put s'empêcher de songer aux créatures qui comptaient le plus dans sa vie. *Je dois aller rejoindre les dauphins,* se dit-il. *Ils sont déjà venus à mon secours; à présent, ce sont eux qui ont besoin de moi.*

Ceux qui connaissaient Jeff depuis son enfance n'auraient pu trouver héros plus improbable.

À sa naissance, Jeff était hyperactif, partiellement sourd et atteint d'un manque de coordination. Incapable d'entendre clairement, il développa un grave retard du langage qui rendait ses phrases presque impossibles à comprendre pour les autres. Avant même qu'il entre à l'école, les autres enfants traitaient d'«attardé» ce petit garçon aux cheveux couleur de sable.

Même sa propre maison n'était pas un refuge pour lui, car sa mère n'était aucunement préparée à affronter ce problème. Élevée dans une famille autoritaire et stricte, elle était trop sévère envers ce garçon si différent des autres et se mettait souvent en colère contre lui. Tout ce qu'elle voulait, c'était que Jeff soit comme les autres. Le père de Jeff, un officier de police d'une banlieue de la classe moyenne de Los Angeles, faisait des heures supplémentaires pour boucler les fins de mois. Il travaillait souvent seize heures par jour.

À cinq ans, à sa première journée de maternelle, Jeff, inquiet et effrayé, passa par-dessus la clôture de la cour d'école et courut jusqu'à la maison. Furieuse, sa mère le ramena à l'école et exigea que Jeff s'excuse auprès de son instituteur. Tous ses camarades de classe furent témoins de la scène. À cause de ses problèmes d'élocution et de ses phrases à peine intelligibles, Jeff devint ensuite une proie facile pour ses petits camarades. Pour échapper à ce monde hostile, Jeff restait à l'écart dans la cour d'école et se terrait dans sa chambre à la maison, rêvant d'un endroit où il serait accepté.

Un jour, Jeff, alors âgé de 9 ans, visita avec sa classe l'aquarium Marineland, une attraction de la ville de Los Angeles. Pendant le spectacle des dauphins, il fut renversé par l'énergie et la gentillesse exubérante de ces magnifiques animaux. Il eut même l'impression que les dauphins lui adressaient un sourire, lui qui d'habitude en recevait si peu. Il resta assis, hypnotisé, ému et submergé par le désir de ne plus partir.

Avant la fin de l'année, les enseignants de Jeff le cataloguèrent comme élève perturbé en difficulté d'apprentissage. Pourtant, des tests effectués au Switzer Center, un établissement spécialisé pour enfants en difficulté, montrèrent que Jeff avait une intelligence au-dessus de la moyenne; toutefois, sa grande anxiété lui fit échouer le test de mathématiques. On le transféra donc à ce centre. Au bout de deux ans, l'anxiété de Jeff diminua et ses résultats scolaires s'améliorèrent de façon spectaculaire.

Il dut à contrecœur retourner à l'école publique pour commencer son secondaire. Les tests indiquaient maintenant qu'il avait un quotient intellectuel de 130, c'est-à-dire qu'il était doué, sans compter que des années de thérapie avaient amélioré son élocution. Malgré cela, Jeff était encore la tête de Turc de ses camarades.

Cette année-là, Jeff vécut les pires moments de sa vie, jusqu'au jour où son père l'emmena au Sea World de San Diego. Lorsque Jeff aperçut les dauphins, le même sentiment de joie jaillit en lui. Durant tout le spectacle, ses yeux restèrent rivés sur ces animaux luisants qui glissaient dans l'eau.

Jeff se trouva du travail pour se payer une carte de membre du Marineland, situé plus près de chez lui. À sa première visite seul, il s'installa sur le muret qui entourait la piscine. Habitués à être nourris par les visiteurs, les dauphins vinrent tout près de Jeff, à son grand étonnement. Le premier à s'approcher avait pour nom Grid Eye, la femelle dominante du groupe. Le dauphin de 300 kilos nagea jusqu'à l'endroit où Jeff était assis et demeura immobile. *Me permettra-t-elle de la toucher?*, se demanda Jeff en enfonçant sa main dans l'eau. Pendant qu'il caressait la peau douce du dauphin, Grid Eye se rapprocha encore. Pour le jeune garçon, ce fut un moment de pure extase. Rapidement, ces animaux sociables devinrent les amis que Jeff n'avait jamais eus. Comme le bassin de ces animaux espiègles était situé dans un coin isolé de Marineland, Jeff se trouva souvent seul en leur compagnie.

Un jour, Sharky, une jeune femelle, glissa sous l'eau jusqu'à ce que Jeff puisse prendre sa queue dans sa main. Le dauphin arrêta. *Que va-t-elle faire?*, se demanda-t-il. Tout à coup, Sharky plongea environ à une trentaine de centimètres sous la surface de l'eau, attirant du même coup la main et le bras de Jeff. En riant, Jeff tira sur la queue sans lâcher prise. Le dauphin plongea de nouveau, cette fois plus profondément. Jeff tira avec plus de force. C'était comme le jeu de «souque à la corde». Lorsque Sharky sortit la tête de l'eau pour respirer, elle se trouva face à face avec Jeff pendant une minute, lui riant, elle ouvrant la gueule comme si elle souriait. Puis Sharky fit le tour de la piscine et revint placer sa queue dans la main de Jeff pour recommencer leur petit jeu.

Le garçon jouait souvent au chat et à la souris avec ces animaux de 140 à 400 kilos, chacun se livrant à une course effrénée autour de la piscine pour être le premier à atteindre un endroit convenu d'avance, ou pour se taper dans les mains... et les nageoires. Ces jeux créèrent un lien magique et unique entre Jeff et les dauphins.

L'été, même lorsqu'il y avait des foules de 500 personnes autour de la piscine, les dauphins reconnaissaient leur ami et nageaient vers lui dès qu'il agitait la main sous l'eau. Le fait d'être si bien accepté par les dauphins lui donna de l'assurance et l'aida à sortir de sa coquille. Il s'inscrivit à un cours donné à un aquarium voisin et dévora des livres sur la biologie marine. Jeff devint rapidement une encyclopédie vivante sur les dauphins; à la grande surprise de sa famille et en dépit de ses problèmes d'élocution, il se proposa comme volontaire pour diriger des visites guidées.

En 1983, Jeff rédigea un article pour le bulletin de l'American Cetacean Society, décrivant son expérience avec les dauphins de Marineland. Ce qui en résulta le prit complètement de court: en apprenant avec embarras que le jeune garçon avait joué très souvent avec les dauphins sans la supervision des responsables de l'aquarium, la direction de Marineland annula sa carte de membre. Jeff n'en revenait pas.

De leur côté, les parents de Jeff furent soulagés, car ils ne voyaient vraiment pas ce que leur fils étrange et inadapté pouvait bien retirer de la compagnie des dauphins. Puis, en juin 1984, la mère de Jeff reçut un appel interurbain. Lorsque son fils rentra de l'école, elle lui demanda: «As-tu participé à un concours?».

Penaud, Jeff avoua qu'il avait écrit une composition pour Earthwatch, une bourse hautement convoitée d'une valeur de plus de 2 000 $. Le gagnant irait passer un mois à Hawaii en compagnie d'experts en dauphins. Maintenant qu'il avait tout confessé à sa mère, il s'attendait à se faire sermonner. Cependant, elle lui dit doucement: «Eh bien, c'est toi qui as gagné.»

Jeff était aux anges. Mais surtout, ses parents se rendaient enfin compte que son rêve de communiquer son amour des dauphins pouvait se réaliser.

Jeff passa tout un mois à Hawaii à enseigner des consignes à des dauphins afin d'étudier leur capacité de mémorisation. À l'automne, il dut remplir une autre condition de la bourse d'études: présenter un exposé sur les mammifères marins devant les élèves de son école. Il livra son exposé avec tellement d'enthousiasme qu'il força l'admiration de ses camarades.

Une fois son diplôme en poche et après beaucoup d'efforts, Jeff trouva du travail dans le domaine de la recherche océanographique. Comme ses gages étaient modestes, il se trouva du travail au noir au salaire minimum. Il obtint également un diplôme en biologie.

En février 1992, Jeff se présenta au bureau de Suzanne Fortier, responsable du dressage des animaux marins au parc d'attractions Six Flags Magic Mountain. Même s'il avait déjà deux emplois, il lui offrit ses services comme bénévole auprès des dauphins pendant ses journées de congé. Fortier lui donna sa chance et fut vite impressionnée. Sur les 200 bénévoles qu'elle avait formés depuis 10 ans, aucun ne possédait l'intuition de Jeff pour les dauphins.

Une fois, l'équipe de Fortier devait transporter un dauphin malade de 300 kilos, prénommé Thunder, dans un autre parc. Pour ce faire, on avait prévu un réservoir de 3 mètres sur 1 mètre. Pendant le voyage, Jeff insista pour prendre place à l'arrière du camion près du réservoir de Thunder afin de calmer l'animal énervé par ce déménagement. Lorsque Fortier communiqua de la cabine du camion pour prendre des nouvelles de Thunder, Jeff lui répondit: «Il va bien. Je suis en train de le bercer.» Fortier comprit alors ce qui se passait: *Jeff se trouvait dans le réservoir avec Thunder!* Pendant quatre heures, Jeff resta dans l'eau froide du réservoir en tenant Thunder dans ses bras.

Les liens qu'entretenait Jeff avec les dauphins ne cessaient d'étonner ses camarades de travail de Magic Mountain. Son dauphin préféré s'appelait Katie, une femelle de 160 kilos qui l'accueillait avec enthousiasme et qui nageait avec lui pendant des heures.

Comme à Marineland, Jeff communiquait avec les dauphins et recevait leur affection en retour. Il ne se doutait pas cependant que son amour pour eux allait bientôt être mis à l'épreuve.

Le matin du tremblement de terre, pendant que Jeff tentait non sans peine de se rendre à Magic Mountain, l'effondrement des autoroutes et l'affaissement des routes le forcèrent à rebrousser chemin. *Rien ne me fera abandonner*, se jura-t-il.

Lorsqu'il arriva enfin à Magic Mountain, il vit que le niveau d'eau de la piscine des dauphins, d'une profondeur de cinq mètres, avait baissé de moitié et que l'eau continuait de s'échapper par une fissure de la paroi. Les trois dauphins qui se trouvaient dans la piscine au moment du tremblement de terre — Wally, Teri et Katie — étaient en proie à la panique. Jeff descendit sur le bord de la piscine afin de les calmer.

Pour rassurer les dauphins malgré les incessants grondements de la terre, Jeff essaya de les distraire en faisant des jeux. Peine perdue. Pire encore, il dut réduire leur ration de nourriture: en effet, comme le système de filtration de la piscine était en panne, les risques de contamination de l'eau augmentaient à mesure que s'accumulaient les excréments. Cette nuit-là, Jeff demeura auprès des dauphins malgré la température qui oscillait autour du point de congélation. Il resta avec eux le lendemain, le surlendemain et le jour d'après.

Quatre jours après le tremblement de terre, on parvint à rouvrir une route. Les employés de Magic Mountain trouvèrent un camion pour transférer les trois dauphins jusqu'au bassin de Knott's Berry Farm. Toutefois, il fallait d'abord parvenir à placer les dauphins dans les réservoirs de transport. En temps normal, le transport d'un dauphin est une opération de routine: on guide prudemment le dauphin dans un tunnel reliant la piscine au réservoir, puis on le hisse à l'aide d'une élingue en toile. Or, cette fois, il n'y avait plus assez d'eau dans le tunnel pour permettre aux dauphins de nager. Il fallait donc attraper les dauphins dans la piscine et les glisser dans l'élingue.

Jeff et Étienne François, un employé du parc, se portèrent volontaires pour ce travail. Même s'il avait une confiance absolue dans les dauphins, Jeff savait qu'il risquait à coup sûr de se faire blesser ou mordre s'il essayait de les capturer directement dans l'eau.

Si on retira facilement Wally de la piscine, Teri et Katie adoptèrent pour leur part un comportement tout à fait imprévisible. Chaque fois que Jeff et Étienne s'approchaient de Katie, le puissant dauphin les repoussait avec son bec dur et effilé.

Pendant presque 40 minutes, les deux hommes redoublèrent d'efforts tandis que Katie ripostait en donnant des coups de queue. Finalement, au moment où ils allaient la glisser dans l'élingue, Teri enfonça ses dents pointues dans la main de Jeff. Ne prêtant pas attention au sang qui coulait, Jeff aida Étienne à capturer Teri et à la hisser dans le réservoir de transport.

Lorsque les dauphins arrivèrent à Knott's Berry Farm, Katie était épuisée mais calme. Plus tard, Fortier raconta à des amis que sans le courage et le leadership de Jeff, il n'aurait pas été possible de transférer les dauphins en toute sécurité.

Aujourd'hui, Jeff travaille à Marine Animal Productions situé à Gulfport, au Mississippi. Il dresse des dauphins et met sur pied des programmes destinés aux écoles.

Un jour, avant qu'il ne parte pour le Mississippi, Jeff donna une démonstration devant 60 enfants du Switzer Center. À un moment donné durant sa démonstration, il aperçut un garçon nommé Larry qui se tenait à l'écart et jouait seul. Devinant que Larry était un exclu comme lui l'avait été, Jeff lui demanda de s'avancer et de rester à ses côtés. Puis, il enfonça son bras dans le réservoir et en sortit un impressionnant mais inoffensif requin à bosse d'environ un mètre de longueur. Il permit alors à Larry, qui en eut le souffle coupé, de prendre la créature visqueuse dans ses mains et de la montrer à ses camarades.

Peu de temps après, Jeff reçut la lettre suivante: «Je tiens à vous remercier pour le travail remarquable que vous avez accompli avec nos enfants. Ils sont revenus enchantés de cette expérience. Les enfants m'ont raconté que vous aviez permis à Larry de prendre un requin dans ses mains. Il n'avait probablement jamais ressenti autant de bonheur et de fierté de toute sa vie. Le fait que vous êtes un ancien élève de notre centre ajoute à la beauté de ce geste. Vous êtes un modèle pour nos enfants. Vous leur donnez l'exemple qu'eux aussi peuvent "réussir" dans la vie.» La lettre portait la signature de Janet Switzer, fondatrice du Switzer Center.

Cet après-midi-là où il fit participer Larry fut gratifiant à plus d'un égard pour Jeff. Pendant qu'il parlait aux enfants, il avait vu ses parents qui l'écoutaient avec attention. À voir leur expression, il savait qu'ils étaient enfin fiers de lui.

De toute sa vie, Jeff n'a jamais gagné plus de 15 000 $ par année. Pourtant, il se considère comme un homme riche et extraordinairement chanceux. «J'ai réalisé mes rêves», dit-il aujourd'hui. «Les dauphins m'ont tellement aidé lorsque j'étais enfant: ils m'ont aimé de façon inconditionnelle. Quand je pense à tout ce que je leur dois...» Il fait une pause, puis poursuit en souriant: «Ils m'ont donné la vie. Je leur dois tout.»

Paula McDonald

Laisse-moi quitter le nid

Je pars aujourd'hui vers ma destinée
Pour livrer bataille, quitte à me casser le nez.
Je pars, maman, tu ne peux rien y changer!
Je t'en prie, souhaite-moi bonne chance aujourd'hui.

J'ai maintenant des ailes, je veux voler,
Relever les défis qui sont à ma portée.
Je pars, maman, essaie de ne pas pleurer,
Laisse-moi seulement vivre ma vie.

Je veux voir et sentir et écouter,
Malgré mes peurs, malgré les dangers.
Je rirai et je pleurerai,
Je t'en prie, laisse-moi exprimer ce que je suis.

Je pars à la conquête du monde dont j'ai rêvé,
Ma place je taillerai, des choses je bâtirai.
Mais souviens-toi que peu importe ce que je ferai,
Je t'aimerai jusqu'à la fin de ma vie.

Brooke Mueller

La seule façon de te débarrasser de tes peurs, c'est de les affronter.

Source inconnue

Une défaite aux allures de victoire

C'est la compétition d'athlétisme de notre district, celle pour laquelle toutes les filles s'entraînent durant l'année. Mon pied n'est pas tout à fait remis d'une vieille blessure. En fait, je me suis demandé si je devais participer ou non à cette compétition, mais me voilà maintenant à me préparer pour la course sur 3 000 mètres.

«À vos marques... prêts...» Le coup du pistolet de départ retentit et nous nous élançons. Les autres filles prennent de l'avance sur moi. Je sens que je boite et mon humiliation augmente à mesure que je perds du terrain.

La fille qui mène la course a deux tours d'avance sur moi quand elle franchit la ligne d'arrivée sous les hourras de la foule. C'est la première fois que j'entends applaudir si fort pendant une compétition.

«Je devrais peut-être abandonner», me dis-je en boitant. «Les spectateurs n'ont sûrement pas envie d'attendre que je termine la course.» Pourtant, je décide de continuer. Pendant les deux derniers tours, je cours malgré la douleur et je prends la décision de ne pas participer à la course de l'an prochain. Cela n'en vaudrait pas le coup, même si mon pied finit par guérir. Jamais je ne pourrais battre celle qui m'a dépassée deux fois.

Au moment où je croise le fil d'arrivée, j'entends des applaudissements aussi enthousiastes que ceux de tout à l'heure. Je me demande: «Mais qu'est-ce qui se passe?». Je me retourne et j'aperçois les garçons qui se préparent pour leur course. «Ils applaudissent probablement les garçons.»

Je me dirige immédiatement vers la salle des toilettes où j'entre en collision avec une fille. «Dis donc, tu es vraiment courageuse!», me dit-elle.

Courageuse? Il doit y avoir erreur sur la personne, je viens de perdre la course!

«Jamais je n'aurais terminé la course comme tu l'as fait. J'aurais abandonné après le premier tour de piste. Qu'est-il arrivé à ton pied? Tout le monde t'encourageait tantôt. Nous as-tu entendus?»

Je n'en crois pas mes oreilles! Une parfaite inconnue m'a applaudie pour m'encourager — non pas à gagner la course, mais à ne pas abandonner. Soudain, j'ai un regain d'espoir. Plus question de retraite, je serai de retour l'an prochain. Cette fille a gardé mon rêve en vie.

De cet événement, j'ai appris deux choses.

Premièrement, un geste aimable qui redonne confiance peut faire toute la différence pour la personne à qui il s'adresse.

Deuxièmement, la force et le courage ne se mesurent pas forcément au nombre de médailles et de victoires que l'on remporte, mais aux obstacles que l'on réussit à surmonter. Les plus forts ne sont pas toujours ceux qui reçoivent un trophée; ce sont ceux qui refusent d'abdiquer devant la défaite.

Je rêve qu'un jour, on m'applaudira aussi fort dans la victoire que je l'ai été dans la défaite.

Ashley Hodgeson

Le coureur d'élite

Il y a très longtemps à Elkhart, au Kansas, deux frères se virent confier un travail à l'école du quartier. Tôt chaque matin, ils devaient allumer un feu dans le gros poêle de la classe.

Un matin froid d'hiver, les frères nettoyèrent le poêle et le remplirent de bûches. Ensuite, l'un des deux frères prit un bidon de kérosène, en aspergea le bois et craqua une allumette. L'explosion qui s'ensuivit ébranla le vieil édifice. Le frère le plus âgé mourut dans l'explosion, tandis que le plus jeune subit de graves brûlures aux jambes. On découvrit plus tard que le bidon, par erreur, avait été rempli d'essence.

Le médecin appelé au chevet du blessé recommanda l'amputation des deux jambes. Cette nouvelle atterra les parents du garçon. Ils venaient de perdre un fils, et voilà que leur autre fils allait perdre ses jambes. Toutefois, refusant de perdre espoir, ils demandèrent au médecin de remettre l'amputation à plus tard. Le médecin accepta. Chaque jour qui suivit, les parents demandèrent au médecin d'attendre, priant pour la guérison et le rétablissement de leur garçon. Pendant deux mois, les parents débattirent avec le médecin de la pertinence d'amputer les jambes. Durant tout ce temps, ils s'employèrent à faire germer dans l'esprit de leur fils l'idée qu'il marcherait de nouveau un jour.

Finalement, on n'amputa pas les jambes du garçon. Toutefois, en enlevant les bandages, on découvrit que sa jambe droite était cinq centimètres plus courte que sa jambe gauche. Quant aux orteils de son pied gauche, ils avaient été complètement calcinés. Cependant, tout cela n'entama aucunement la détermination du garçon. Malgré la douleur atroce qu'il éprouvait, il s'astreignit à des exercices quotidiens et parvint finalement à faire quelques pas, douloureusement. Après une lente convalescence, le jeune homme se débarrassa de ses béquilles et recommença à marcher presque normalement. Bientôt, il fut en mesure de courir.

Ce jeune homme déterminé courut, courut et courut encore, et ces jambes qui avaient failli être amputées l'aidèrent à fracasser le record mondial du mille (1 610 mètres). Son nom? Glenn Cunningham, connu pour avoir été l'«homme le plus rapide du monde» et couronné athlète du siècle lors d'une cérémonie tenue au Madison Square Garden de New York.

The Speaker's Sourcebook

Si

Si tu peux garder la tête froide
Malgré la panique des autres et le blâme à ton endroit;
Si tu peux te faire confiance
Malgré ceux qui doutent ou qui manquent de foi;
Si tu peux attendre sans dire un mot;
Si tu peux tourner le dos au mensonge et refuser le faux;
Si tu peux ignorer la haine et éviter la mésentente;
Si tu peux te montrer tel que tu es et dire ce que tu
penses;

Si tu peux rêver sans devenir l'esclave de tes rêves;
Si tu peux te servir de ta tête sans oublier ton cœur;
Si tu peux affronter le triomphe et le désastre
Et traiter de la même façon ces deux imposteurs;
Si tu peux accepter que ta vérité soit
Déformée par des fripons pour tromper les imbéciles,
Ou voir anéanties les choses pour lesquelles tu as donné
ta vie;
Si tu peux rester debout et reconstruire avec de vieux
outils;

Si tu peux rassembler tout ce que tu as amassé,
Pour ensuite tout risquer d'un seul coup de dé;
Si tu peux tout perdre et tout recommencer
Sans jamais souffler mot de ce que tu as perdu;
Si tu peux aller au fond de ton âme et
Si tu peux y puiser la force de tenir bon,
Même si tu sens qu'il ne te reste plus
Que la Volonté qui te dit: «Tiens bon!».

Si tu peux parler aux foules et préserver ton honnêteté
Ou parler aux rois aussi bien qu'aux fous;
Si rien, ni ami ni ennemi, ne peut te blesser;
Si tous les hommes comptent pour toi, mais aucun pour beaucoup;
Si tu peux passer chaque minute de ton temps
À te comporter comme un coureur de fond,
Alors la terre t'appartient entièrement
Pour l'homme que tu seras, mon fiston.

Rudyard Kipling

Quelle tête!

Lorsqu'une ado arrive à l'âge de 16 ans, elle se regarde dans le miroir et scrute attentivement la moindre parcelle de son visage. Puis, c'est le désastre: son nez est trop gros et elle se découvre un autre bouton d'acné. Elle se trouve moche et, comble de malheur, elle n'a pas encore réussi à attirer le regard de ce garçon du cours d'anglais.

Alison n'avait jamais connu ce genre de problèmes. Il y a deux ans, elle était la fille de 16 ans la plus jolie, la plus intelligente et la plus populaire de son école, sans compter qu'elle figurait parmi les meilleures joueuses de tennis et qu'elle était surveillante de plage. Grande et mince, les yeux bleus et une épaisse crinière blonde, elle ressemblait plus à un mannequin qu'à une étudiante de 16 ans. Toutefois, sa vie changea cet été-là.

Un soir, après une journée de surveillance à la plage, Alison avait hâte de retourner chez elle pour débarrasser ses cheveux du sel de mer et les démêler avec un peigne. Lorsqu'elle renversa la tête pour brosser sa tignasse décolorée par le soleil, sa mère s'écria: «Ali! Qu'as-tu fait?» Elle venait de découvrir une plaque complètement chauve sur le cuir chevelu de sa fille. «T'es-tu rasée? Quelqu'un a-t-il profité de ton sommeil pour le faire?» Rapidement, elles résolurent le mystère: Alison avait dû serrer trop fort l'élastique de sa queue de cheval. L'incident sombra vite dans l'oubli.

Trois mois passèrent et une autre plaque chauve apparut, puis une autre. Rapidement, le cuir chevelu d'Alison fut parsemé d'étranges plaques rondes et chauves. Après avoir reçu des diagnostics attribuant le problème au stress et avoir essayé plusieurs onguents, Alison commença à recevoir un traitement par injections de cortisone (50 injections par plaque pour être plus précis) à toutes les deux semaines. Pour camoufler son cuir chevelu qui saignait à cause des injections, on permit à Alison de porter une casquette de baseball en classe, même si cela représentait une entorse au code vestimentaire très strict de l'école. De petites mèches de cheveux poussaient à travers les croûtes du cuir chevelu d'Alison, mais elles tombaient deux semaines plus tard. Alison souffrait d'une perte de cheveux chronique appelée alopécie et il n'existait aucun traitement contre cette maladie.

Grâce à son naturel enjoué et au soutien de ses amies, Alison garda le moral, mais elle eut des moments difficiles. Un jour, sa petite sœur entra dans sa chambre, une serviette enroulée autour de la tête, pour se faire brosser les cheveux. Lorsque sa mère enleva la serviette, Alison aperçut la tignasse ébouriffée qui s'étalait sur les épaules de sa sœur. Saisissant entre deux doigts sa chevelure clairsemée, Alison éclata en sanglots. C'était la première fois qu'elle pleurait depuis le début de cette épreuve.

Le temps passa et Alison remplaça sa casquette par un foulard, qui masquait mieux son crâne dénudé. Comme il ne lui restait plus qu'une poignée de cheveux fins, le moment était venu d'acheter une perruque. Plutôt que d'essayer de retrouver son ancienne chevelure blonde et de faire comme si elle n'avait jamais rien perdu, Alison se choisit une perruque rousse dont les cheveux descendaient à hauteur des épaules. Pourquoi pas? Beaucoup de gens font couper et teindre leurs cheveux. Grâce à son nouveau *look*, Alison reprit confiance en elle. Même quand sa perruque s'envolait dans un courant d'air lorsqu'elle se trouvait en voiture avec des amis, elle en riait de bon cœur avec eux.

À l'approche de l'été, toutefois, Alison commença à s'inquiéter. Si elle ne pouvait pas porter une perruque dans l'eau, comment allait-elle faire son travail de surveillante de plage? «Où est le problème, Alison, tu ne sais plus nager?», lui demanda son père. Elle comprit le message.

L'été venu, elle essaya donc de porter un bonnet de bain, mais elle y renonça au bout de la première journée, car ce n'était pas très confortable. Prenant son courage à deux mains, elle décida de ne plus cacher son crâne chauve. Malgré les regards insistants et quelques commentaires déplacés de baigneurs impolis — «Encore une punk idiote qui se rase le crâne» — Alison s'habitua à sa nouvelle apparence.

À l'automne, au retour des classes, Alison rangea sa perruque dans le fond d'un tiroir; elle n'avait plus de cheveux, plus de sourcils, plus de cils. Fidèle à son intention, elle participa aux élections de la présidence de l'école. Elle apporta cependant quelques modifications à sa campagne électorale: elle présenta une série de diapositives de personnalités célèbres et chauves, de Gandhi à M. Net, qui firent crouler de rire les élèves et les professeurs.

Lors de son premier discours comme présidente élue, Alison aborda de front la question de son apparence et répondit avec aisance aux questions. Montrant du doigt son t-shirt qui portait l'inscription «Quelle tête!», elle dit: «Lorsque vous vous levez le matin et que vous n'aimez pas la tête que vous avez, vous pouvez porter ce t-shirt». Puis, enfilant un second t-shirt par-dessus le premier, elle ajouta: «Moi, lorsque je me lève le matin, j'enfile celui-ci.» Le t-shirt portait les mots suivants: «Au diable la tête que j'ai!» Tous applaudirent et crièrent. Alison, belle, populaire, intelligente, excellente joueuse de tennis, surveillante de plage et maintenant présidente d'école aux yeux bleus, leur renvoya alors un sourire.

Alison Lambert et Jennifer Rosenfeld

J'ai réussi!

La tâche qui t'attend n'est jamais aussi grande que la force qui t'anime.

Alcooliques anonymes

Mai 1989

Nous sommes à un mois de la remise des diplômes et je suis plus déterminé que jamais à aller chercher le mien en fauteuil roulant. Pas n'importe quel fauteuil roulant, toutefois; mon fauteuil roulant *manuel*. Je suis né atteint d'une infirmité motrice cérébrale (communément appelée paralysie cérébrale) et je suis incapable de marcher. En guise d'entraînement pour la remise des diplômes, je me suis exercé à utiliser mon fauteuil roulant manuel à l'école.

Cela a été très difficile de m'habituer à me déplacer dans l'école toute la journée en transportant quatre ou cinq manuels scolaires, mais j'y suis parvenu. Les premiers jours où j'ai utilisé mon fauteuil manuel, on m'offrait toujours de me pousser d'une classe à l'autre, mais après quelques remarques de ma part, du genre «Je n'ai besoin ni de ton aide ni de ta pitié», tous ont compris et m'ont laissé rouler seul.

L'utilisation d'un fauteuil roulant manuel a toujours été valorisant pour moi, mais quand j'ai commencé à m'en servir à l'école, j'en ai retiré encore plus de satisfaction. Non seulement mon image de moi-même a-t-elle changé, mais mes camarades de classe semblent eux aussi me regarder d'un autre œil. Ils savent maintenant que je suis un garçon persévérant et déterminé qui mérite leur respect. La liberté totale que j'éprouve à me déplacer seul m'enchante au plus haut point.

Certes, tout au long de mon enfance et de mon adolescence, mon fauteuil roulant électrique m'a procuré une immense liberté; jamais je n'aurais pu par moi-même me déplacer comme me le permettait ce fauteuil. Toutefois, en vieillissant, j'ai compris que ce fauteuil électrique devenait rapidement une prison. J'étais un garçon autonome, il est vrai, mais je dépendais en partie de ce fauteuil. L'idée d'être dépendant de quoi que ce soit pour le restant de mes jours me frustrait.

Pour moi, le fait d'aller chercher mon diplôme en fauteuil manuel a une valeur de symbole: je veux amorcer ma vie d'adulte comme un jeune homme autonome. Il est donc hors de question de me *laisser* déplacer par mon fauteuil électrique. Même s'il me faut 20 minutes pour me rendre à l'avant de la scène, je vais le faire en fauteuil manuel.

14 juin 1989

Jour de la remise des diplômes. Ce soir, tous les diplômés se sont rendus à l'école vêtus d'une cape ou d'une robe de soirée et ont pris place sur les sièges alignés à l'avant de la salle. Moi, je suis fièrement installé dans mon fauteuil roulant manuel au bout de la première rangée de ma classe.

Lorsque le maître de cérémonie prononce mon nom, je suis conscient que cet instant dont je rêve depuis si longtemps est enfin arrivé. Cette autonomie qui m'a demandé tant d'efforts est maintenant à ma portée.

Lentement, je me dirige vers l'avant de la scène en poussant mon fauteuil et en me concentrant sur mes bras qui font tourner les roues. Lorsque je lève les yeux, j'aperçois la foule qui m'accorde une ovation. J'accepte fièrement mon diplôme, me tourne vers mes camarades de classe et, tenant mon diplôme au-dessus de ma tête, je crie de toutes mes forces: «J'ai réussi... j'ai réussi!».

Mark E. Smith

Qui, quoi, quand, où, pourquoi, comment?

Juin 1996

Cher diplômé,

Le grand jour est arrivé. Tu as ton diplôme en main et tu te prépares à entreprendre le grand voyage de la vie. Je sais que tu éprouves des sentiments ambigus. Étrangement, c'est ce qui se produit à chaque grand moment de la vie: très rarement ne ressent-on qu'une seule émotion. Mais ne t'en fais pas. C'est ce qui rend les joies précieuses et les peines supportables.

J'ai longuement réfléchi au sage conseil que je pourrais te donner. C'est une des tâches difficiles du rôle de parents: savoir distinguer les choses qu'il faut dire à son enfant des choses qu'on doit lui laisser découvrir. J'ai finalement choisi de te donner un aperçu des grandes questions de la vie. Certains vivent toute leur existence sans jamais s'attarder à ces questions. Tant pis pour eux. Lorsqu'on cherche ses propres réponses, on fait parfois de merveilleuses découvertes. Cette quête peut cependant être frustrante: quelquefois, juste au moment où tu croiras avoir trouvé la réponse, tu ne pourras faire autrement que de te poser une autre question. (C'est d'ailleurs ce qui explique qu'à mon âge pourtant avancé, je n'aie pas encore trouvé de réponses!) Quoi qu'il en soit, je te révèle une petite partie de mon être et de mon âme dans l'espoir de t'aider à affronter les questions qui se présenteront à toi.

Qui? Il m'a fallu du temps pour comprendre que cette question est probablement la plus importante de toutes.

Prends le temps de découvrir qui tu es et sois toi-même. Aspire à l'honnêteté, au respect, au bonheur. Si tu es en paix avec toi-même, tout rentrera dans l'ordre. Prends garde de ne pas confondre identité et biens matériels. Permets-toi de croître et de changer. Et n'oublie jamais que tu n'es pas seul — tu as ta famille, tes amis, ton ange gardien et Dieu (pas nécessairement dans cet ordre!).

Quoi? C'est une question difficile qui m'a donné du fil à retordre. Je croyais qu'elle signifiait «Qu'est-ce que je vais faire aujourd'hui?». J'ai découvert cependant que les choses devenaient drôlement plus intéressantes quand je me posais plutôt cette question: «*Qu'est-ce qui me passionne?*». Découvre la passion qui t'anime, puis alimente-la. Démonte-la, puis remonte-la. Disposes-en comme bon te semble, mais ne la perds jamais de vue. Adonne-toi à ta passion, car c'est la chose que tu aimes faire. La joie qu'elle t'apportera te donnera la force de surmonter certaines épreuves de la vie.

Quand? Voilà une question sournoise. Ne la prends pas à la légère. Elle contribuera à ton équilibre. Certaines choses ne se remettent pas au lendemain; l'habitude de remettre à plus tard ne fait qu'alourdir la tâche à venir. Garde à l'esprit, cependant, qu'il y a un moment pour chaque chose et qu'il est parfois préférable de laisser le temps agir. Aussi difficile que cela puisse paraître, n'oublie pas de prendre le temps de t'arrêter et d'apprécier chaque nouvelle journée. Avec un peu de pratique, tu apprendras le plaisir qu'il y a à faire certaines choses sans tarder, et la joie qu'il y a à attendre et à planifier.

Où? Étonnamment, c'est la question la plus facile. Tu porteras toujours en toi la réponse si tu gardes ta maison dans ton cœur et que tu mets tout ton cœur dans le lieu que tu appelles ta maison, quel que soit ce lieu. Apporte ta contribution dans ta communauté et tu découvriras tout le bien que te sera rendu. Rappelle-toi qu'un simple geste de bonté peut faire avancer les choses et que tu *peux* changer le monde.

Pourquoi? Ne cesse jamais de te poser cette question, car elle te permettra de progresser. Laisse-la venir à toi. Laisse-la se mettre en travers de ton chemin lorsque tu deviens trop complaisant. Laisse-la résonner dans ta tête lorsque tu prends des décisions. Laisse-la murmurer à ton oreille lorsque tu oublies qui tu es et où tu veux aller. Tu dois cependant rester prudent quand tu te poses cette question. Parfois, la réponse prend des années à arriver; parfois, elle n'arrive jamais. Sachant cela, tu pourras garder toute ta raison et poursuivre ta route.

Comment? Ah! Voilà une question au sujet de laquelle je ne peux pas te conseiller, une question à laquelle tu répondras d'une façon qui t'est propre. Tu as tellement mûri ces dernières années, je suis certaine que tu sauras y répondre. Souviens-toi seulement de croire en toi-même et aux miracles. Souviens-toi aussi que les grandes découvertes se font après de longs questionnements. Et n'oublie pas ceci, ne l'oublie jamais: je t'aime.

Félicitations et bonne chance pour ce nouveau départ!

Je t'aime,

Maman

Paula (Bachleda) Koskey

À propos des auteurs

Jack Canfield

Jack Canfield est un auteur à succès et un des meilleurs spécialistes américains du développement personnel et professionnel. Conférencier dynamique et coloré, il est également un conseiller très en demande pour son extraordinaire capacité d'instruire ses auditoires et de les amener à ouvrir leur cœur, à aimer davantage et à poursuivre avec audace leurs rêves.

Jack a passé son adolescence à Martins Ferry, en Ohio, et à Wheeling, en Virginie-Occidentale, avec sa sœur Kimberly (Kirberger) et ses frères Rick et Taylor. Tous ont consacré une grande partie de leur carrière à travailler auprès des adolescents, à les éduquer, à les conseiller et à les aider à se prendre en main. Rick est psychothérapeute à Phoenix, en Arizona, et il est spécialisé dans l'intervention auprès des adolescents; quant à Taylor, il travaille comme éducateur spécialisé à Tampa, en Floride. Jack raconte qu'il était un adolescent timide et peu sûr de ses moyens. Grâce à son travail acharné, toutefois, il a pu réussir aussi bien dans les sports qu'à l'école.

Une fois son diplôme en poche, Jack a enseigné dans des écoles secondaires à Chicago et dans l'Iowa. Par la suite, il a travaillé avec des enseignants pour que ceux-ci puissent aider les adolescents à croire en eux-mêmes et à se lancer à la poursuite de leurs rêves. Plus récemment, Jack a étendu son champ d'action en s'adressant à une clientèle adulte qui travaille aussi bien dans le secteur de l'éducation que dans celui des affaires.

Auteur et narrateur de plusieurs audiocassettes et vidéocassettes, dont *Self-Esteem and Peak Performance*, *How to Build High Self-Esteem* et *The GOALS Program*, les stations de radio et de télévision ont souvent recours à ses services. En outre, il a signé quatorze livres — tous des best-sellers dans leurs catégories — dont la série *Bouillon de poulet pour l'âme*, *Dare to Win*, *The Aladdin Factor*, *100 Ways to Build Self-Concept in the Classroom* et *Heart at Work*.

Jack prononce régulièrement des conférences devant des associations professionnelles, des conseils scolaires, des organismes gouvernementaux, des églises et des entreprises. Sa liste de clients comprend des écoles et des conseils scolaires partout aux États-Unis; des associations comme American School Counselors Association, the California Peer Counselors Association et Californians for a Drug Free Youth; des entreprises comme AT&T, Campbell Soup, Clairol, Domino's Pizza, G.E., New England Telephone, Re/Max, Sunkist, Supercuts et Virgin Records.

Tous les ans, Jack organise un programme de formation de huit jours qui s'adresse à ceux qui œuvrent dans le domaine de l'estime de soi et du rendement. Ce programme attire des éducateurs, des conseillers, des formateurs auprès des groupes de soutien aux parents, des formateurs en entreprise, des conférenciers professionnels, des ministres du culte et des gens qui désirent améliorer leurs talents d'orateur et d'animateur.

Mark Victor Hansen

Mark Victor Hansen est un conférencier professionnel qui, au cours des 20 dernières années, s'est adressé à plus de deux millions de personnes dans 32 pays. Il a prononcé plus de 4 000 présentations sur l'excellence et les stratégies dans le domaine de la vente, sur l'appropriation et le développement personnel, et sur les moyens de tripler ses revenus tout en disposant de plus de temps libre.

Mark a consacré toute sa vie à une mission: déclencher des changements profonds et positifs dans la vie des gens. Tout au long de sa carrière, non seulement a-t-il su inciter des centaines de milliers de gens à se bâtir un avenir meilleur et à donner un sens à leur vie, mais il les a aidés à vendre des milliards de dollars de produits et services.

Mark a écrit de nombreux livres, dont *Future Diary*, *How to Achieve Total Prosperity* et *The Miracle of Tithing*. Il est coauteur de *Dare to Win*, de la série *Bouillon de poulet pour l'âme* et *The Aladdin Factor* (en collaboration avec Jack Canfield), et de *The Master Motivator* (avec Joe Batten).

En plus d'écrire et de donner des conférences, Mark a réalisé une collection complète d'audiocassettes et de vidéocassettes sur l'appropriation de soi qui ont permis aux gens de découvrir et d'utiliser toutes leurs ressources dans leur vie personnelle et professionnelle. Le message qu'il transmet a fait de lui une personnalité de la radio et de la télévision. On a notamment pu le voir sur les réseaux ABC, NBC, CBS, CNN, PBS et HBO. Mark a également fait la page couverture de nombreux magazines, dont *Success*, *Entrepreneur* et *Changes*.

C'est un grand homme au grand cœur et aux grandes idées, un modèle pour tous ceux et celles qui cherchent à s'améliorer.

Kimberly Kirberger

Kimberly Kirberger a accompli beaucoup de choses dans sa vie, mais rien ne la réjouit autant que d'être considérée comme une amie par les adolescents. Dès le début du projet *Bouillon de poulet pour l'âme des ados*, il a été convenu que toutes les décisions finales seraient prises par les adolescents eux-mêmes. Pour ce faire, Kimberly a réuni un groupe d'adolescents qui ont dressé une liste de sujets à aborder et qui ont ensuite sélectionné les histoires les plus appropriées. Pour Kimberly, ce livre devait d'abord et avant tout s'adresser aux adolescents et à eux seuls.

Kimberly Kirberger est directrice-rédactrice en chef de l'organisation *Bouillon de poulet pour l'âme*, et elle travaille en étroite collaboration avec les auteurs, les coauteurs, les rédacteurs et les collaborateurs afin de s'assurer que chaque livre renferme toute la magie du *Bouillon de poulet*. Le travail ne manque pas comme en font foi les quelque trente *Bouillon de poulet* qui sont en train de mijoter.

Kimberly jouit également d'une réputation internationale pour ses créations en joaillerie, qui sont vendues dans 150 boutiques et magasins à rayons partout aux États-Unis. Plus récemment, elle a lancé les «Porte-bonheur pour l'âme» sur lesquels sont gravées des citations inspirantes tirées de la série *Bouillon de poulet pour l'âme*. Elle a également créé des bijoux pour de nombreux films et émissions de télévision dont *Melrose Place*, *Friends* et *Mrs Doubtfire*.

Kimberly est fière d'avoir un frère comme Jack; dès leur plus tendre enfance, elle savait qu'il accomplirait de grandes choses. Elle raconte que lorsque Jack revenait à la maison après chaque année de collège, il avait l'habitude de lui raconter des histoires à la fois divertissantes et instructives.

Kimberly est coauteur du livre à paraître *Bouillon de poulet pour l'âme des parents* ainsi que d'un *Deuxième bol de bouillon de poulet pour l'âme des ados*.

Autorisations

Nous aimerions remercier tous les éditeurs ainsi que les personnes qui nous ont donné l'autorisation de reproduire leurs textes. (Remarque: Les histoires qui sont de source anonyme, qui appartiennent au domaine public et qui ont été écrites par Jack Canfield, Mark Victor Hansen, ou Kimberly Kirberger ne figurent pas dans cette liste.)

Avec le temps. Reproduit avec l'autorisation de Veronica A. Shoffstall. © 1971 Veronica A. Shoffstall.

Comment rater la femme de ses rêves. Reproduit avec l'autorisation de Jack Schlatter. © 1996 Jack Schlatter.

Mon premier baiser. Reproduit avec l'autorisation de Mary Jane West-Delgado. © 1996 Mary Jane West-Delgado.

Les âmes sœurs. Reproduit avec l'autorisation de Fran Leb. © 1996 Fran Leb.

Le déménagement. Reproduit avec l'autorisation de Sheila K. Reyman. © 1996 Sheila K. Reyman.

Un premier amour inoubliable et *Où êtes-vous, Mme Virginia DeView?.* Reproduits avec l'autorisation de Diana L. Chapman. © 1996 Diana L. Chapman.

Une simple carte de Noël. Reproduit avec l'autorisation de Theresa Peterson. © 1996 Theresa Peterson.

Le droit de pleurer. Reproduit avec l'autorisation de Daphna Renan. © 1996 Daphna Renan.

La belle époque des boîtes de carton. Reproduit avec l'autorisation de Eva Burke. © 1996 Eva Burke.

Elle ne m'a pas abandonnée. Reproduit avec l'autorisation de Sharon Whitley. © 1994 Sharon Whitley. Extrait de *Woman's World Magazine.*

Une mère tout terrain. Reproduit avec l'autorisation de Sarah J. Vogt. © 1996 Sarah J. Vogt.

Jour de naissance. Reproduit avec l'autorisation de Melissa Esposito. © 1996 Melissa Esposito.

Le coup de circuit. Reproduit avec l'autorisation de Terri Vandermark. © 1996 Terri Vandermark.

Mon grand frère. Reproduit avec l'autorisation de Lisa Gumenick. © 1996 Lisa Gumenick.

Une voix fraternelle. Reproduit avec l'autorisation de James Malinchak. © 1996 James Malinchak.

Mon père, ce grand homme. Extrait de *Moments for Teens* de Robert Strand. © 1996 New Leaf Press. Tous droits réservés.

Quelques leçons de baseball. Reproduit avec l'autorisation de Chick Moorman. © 1996 Chick Moorman.

Le champion. Reproduit avec l'autorisation de Nailah Malik. © 1996 Nailah Malik.

Je t'aime, papa. Reproduit avec l'autorisation de Nick Curry III. © 1996 Nick Curry III.

Retour à la maison. Reproduit avec l'autorisation de Jennie Garth. © 1996 Jennie Garth.

Tigresse. Reproduit avec l'autorisation de Judith S. Johnessee. © 1996 Judith S. Johnessee.

La couleur du cœur. Reproduit avec l'autorisation de Jennifer Love Hewitt. © 1996 Jennifer Love Hewitt.

Le secret du bonheur et *Le coureur d'élite.* Reproduits avec l'autorisation de Glenn Van Ekeren. © 1994 Glenn Van Ekeren.

Le cœur au chaud, les pieds aussi et *L'épreuve du feu.* Extraits de *Kids with Courage: True Stories About Young People Making a Difference* de Barbara A. Lewis. © 1992. Reproduit avec l'autorisation de Free Spirit Publishing Inc., Minneapolis, MN; 800-735-7323. Tous droits réservés.

Un sourire. Reproduit avec l'autorisation de Barbara Hauck. © 1996 Barbara Hauck.

Madame Link. Reproduit avec l'autorisation de Susan Daniels Adams. © 1996 Susan Daniels Adams.

Une générosité contagieuse. Reproduit avec l'autorisation de Andrea Hensley. © 1996 Andrea Hensley.

Le masque. Reproduit avec l'autorisation de Bettie B. Youngs. Extrait de *You and Self-Esteem: A Book for Young People.* © 1996 Bettie B. Youngs.

Qu'est-ce que la vie? Reproduit avec l'autorisation de Katie Leicht. © 1996 Katie Leicht.

Dites-le pour moi. Reproduit avec l'autorisation de John Powell, S.J. © 1996 John Powell, S.J.

Les gens d'abord. Reproduit avec l'autorisation de Kent Nerburn. © 1995 Kent Nerburn.

Les lilas fleurissent tous les printemps. Reproduit avec l'autorisation de *blue jean magazine.* © 1996 *blue jean magazine.*

Le prix du mensonge. Reproduit avec l'autorisation de Jason Bocarro. © 1996 Jason Bocarro.

Le coût de la gratitude. Reproduit avec l'autorisation de Randal Jones. © 1996 Randal Jones.

Quand on veut, on peut. Reproduit avec l'autorisation de Jack Schlatter. © 1996 Jack Schlatter.

La Journée Défi. Reproduit avec l'autorisation de Andrew Tertes. © 1996 Andrew Tertes.

Je suis. Reproduit avec l'autorisation de Amy Yerkes. © 1996 Amy Yerkes.

Sparky. Reproduit avec l'autorisation de *Bits & Pieces*. The Economics Press, Inc., Fairfield, N.J. 07004. 800-526-2554.

Quelqu'un aurait dû lui dire. Reproduit avec l'autorisation de Jane Watkins. © 1996 Jane Watkins.

Le dernier verre. Reproduit avec l'autorisation de Chris Laddish. © 1996 Chris Laddish.

Mort à 17 ans. Reproduit avec l'autorisation de John Berrio. © 1967 John Berrio.

La médaille d'or. Reproduit avec l'autorisation de Rick Metzger. © 1996 Rick Metzger.

Desiderata. Reproduit avec l'autorisation de Robert L. Bell, Melrose, Mass. 02176. © 1927 Max Ehrmann. Tous droits réservés. © 1954 par Bertha K. Ehrman.

La danse. Reproduit avec l'autorisation de Warner Bros. Publications U.S. Inc., Miami, FL 33014. © 1989 Morganactive Songs, Inc., et Pookie Bear Music (ASCAP). Tous droits réservés.

Les diplômés de l'an 2000. Reproduit avec l'autorisation de Jason Summey. © 1996 Jason Summey.

Ouvre-toi aux autres. Reproduit avec l'autorisation de Eric Allenbaugh. © 1995 Eric Allenbaugh. Extrait de *Wake-Up Calls: You Don't Have to Sleepwalk Through Your Life, Love or Career.*

Le courage. Reproduit avec l'autorisation de Fleming H. Revell, une division de Baker Book House Co. Extrait de *Goalposts: Devotions for Girls* de Bill Sanders. © 1995 Bill Sanders.

Les ailes brisées. Reproduit avec l'autorisation de Jim Hullihan. © 1996 Jim Hullihan.

La fille d'à côté. Reproduit avec l'autorisation de Amanda Dykstra. © 1996 Amanda Dykstra.

Je reviendrai. Reproduit avec l'autorisation de Jack Cavanaugh. © 1992 Jack Cavanaugh. Également reproduit avec l'autorisation du *Reader's Digest* de février 1992.

Ce n'est que moi. Reproduit avec l'autorisation de Tom Krause. © 1996 Tom Krause.

Les fossoyeurs de l'école. Reproduit avec l'autorisation de Kif Anderson. © 1996 Kif Anderson.

Le garçon qui parlait aux dauphins. Reproduit avec l'autorisation de Paula McDonald. Également reproduit avec l'autorisation du *Reader's Digest*, avril 1996.

Laisse-moi quitter le nid. Reproduit avec l'autorisation de Brooke Mueller. © 1996 Brooke Mueller.

Une défaite aux allures de victoire. Reproduit avec l'autorisation de Ashley Hodgeson. © 1996 Ashley Hodgeson.

Quelle tête! Reproduit avec l'autorisation de Jennifer Rosenfeld et Alison Lambert. © 1995 Jennifer Rosenfeld et Alison Lambert.

J'ai réussi! Reproduit avec l'autorisation de Mark E. Smith. © 1995. Extrait de *Growing Up with Cerebral Palsy* de Mark E. Smith.

Qui, quoi, quand, où, pourquoi, comment? Reproduit avec l'autorisation de Paula (Bachleda) Koskey. © 1996 Paula (Bachleda) Koskey.

Un enfant appelé « Chose »

Le courage d'un enfant pour survivre

Le récit bouleversant d'un des pires cas de mauvais traitements envers un enfant. Dave a été battu et privé de nourriture par sa mère, une femme alcoolique et déséquilibrée qui le soumettait à des jeux cruels. Pour survivre, n'ayant personne à qui se confier, il a puisé sa force dans ses rêves.

Cette histoire troublante vous ouvrira les yeux sur une triste réalité: les mauvais traitements infligés aux enfants et le pouvoir que nous avons tous de changer les choses.

ISBN 978-2-89092-242-6 – 184 PAGES
DAVE PELZER

L'ado errant

La suite tant attendue de
Un enfant appelé « Chose »

Bien que cet enfant ait été sauvé des griffes de sa mère alcoolique, sa vraie souffrance ne fait que ommencer, car il est *sans famille*. Il ira de foyer en foyer et vivra l'instabilité.

Au centre de cette quête se trouve un petit garçon qui recherche désespérément l'amour d'une famille.

Dave Pelzer est une preuve vivante de la nécessité des familles d'accueil et du système de protection de la jeunesse.

ISBN 978-2-89092-260-0 – 304 PAGES
DAVE PELZER

Relations amoureuses chez les ados

Courrier du cœur

Du plus profond de son cœur, Kimberly t'offre des conseils ainsi qu'un peu de sagesse, de compassion et de compréhension au sujet de cet aspect très important de ton existence : tes relations amoureuses.

Dans ce livre, tu ne trouveras aucun discours d'adulte, aucun sermon, aucun jugement. Seulement des témoignages d'ados comme toi qui, par le biais de lettres, de poèmes et de témoignages, parlent de leur vie amoureuse, de leur joie, de leur enthousiasme, de leur confusion et de leur souffrance. Tu découvriras l'attitude franche et bienveillante de Kimberly, et son aptitude réelle à comprendre.

Peu importe ce que tu penses de l'amour — tu aimes, tu détestes, tu préférerais en savoir plus ou ne rien savoir, tu as peur ou tu es trop inquiet pour essayer d'en savoir plus — ce livre te montrera que tes sentiments sont tout à fait normaux et, surtout, que tu n'es pas seul. Il transformera ton existence et ce que tu penses de l'amour; il te donnera les outils dont tu as besoin pour nouer et cultiver de bonnes et belles relations.

ISBN 978-2-89092-278-5 – 336 PAGES
KIMBERLY KIRBERGER

Bouillon de poulet pour l'âme d'une Mère

D'autres histoires qui réchauffent le cœur et remontent le moral des mères

Elle doit d'abord tenir ses enfants dans ses bras, puis les laisser voler de leurs propres ailes. Elle doit leur apprendre à marcher, puis les voir descendre l'allée de l'église lorsqu'ils se marient. Elle doit les protéger des cauchemars, puis les encourager à poursuivre leurs rêves. *Elle* est une mère, et voici un livre écrit spécialement pour elle.

Que vous soyez future maman, grand-maman ou simplement quelqu'un qui reconnaît l'influence maternelle dans sa vie, ces histoires vous feront rire, pleurer et réfléchir sur les hauts et les bas du rôle de mère.

ISBN 978-2-89092-232-7 – 312 PAGES
JACK CANFIELD, MARK VICTOR HANSEN,
JENNIFER READ HAWTHORNE ET MARCI SHIMOFF

Bouillon de poulet pour l'âme d'un Père

Des histoires qui iront droit au cœur des pères et réchaufferont leur âme

Que vous soyez un nouveau père ou un grand-père, ces histoires vous divertiront et vous inspireront.

Écrits par des pères célèbres et par votre voisin de palier, ces récits sont porteurs d'une vaste gamme d'émotions qui sont parfois difficiles à exprimer : la peur absolue de réaliser que votre nouveau-né compte sur vous pour le protéger et le soutenir, la fierté de voir votre adolescent dégingandé devenir un adulte mûr, le chagrin de perdre un parent chéri et la joie de partager certaines traditions avec vos enfants. Ce livre vous rappellera que vous n'êtes jamais tout à fait seul sur le chemin.

ISBN 978-2-89092-337-9 – 312 PAGES
JACK CANFIELD, MARK VICTOR HANSEN,
JEFF AUBERY, MARK ET CHRISSY DONNELLY

Bouillon de poulet pour l'âme des Ados II

D'autres histoires sur la vie,
l'amour et l'apprentissage

Un guide de survie pour ados!

Tu as réclamé davantage de *Bouillon de poulet pour l'âme des Ados* — alors le voici.

Jack Canfield, Mark Victor Hansen et Kimberly Kirberger te l'offrent du fond du cœur. Tu y trouveras des histoires qui t'aideront à faire face à un monde où vivre semble de plus en plus difficile.

Les auteurs te proposent des histoires sur l'amour, l'amitié et la façon de surmonter les épreuves, ainsi que des récits extraordinaires d'ados sur l'apprentissage, le pouvoir de changer les choses et la poursuite de ses rêves.

Comme dans le premier volume, tu ne trouveras pas dans *Bouillon de poulet pour l'âme des Ados II* des discours d'adultes te disant quoi faire et ne pas faire. Ce livre est plutôt rempli de témoignages d'adolescents qui partagent avec toi leurs expériences pour t'aider à accepter la vie, à devenir la meilleure personne possible, à être heureux d'être qui tu es et à t'aimer — pcu importe ce qui arrive.

Ces récits te montreront que, aussi difficile que te paraisse ta situation, tu peux surmonter les coups durs. Même si tu te sens très seul, tu découvriras que tu n'es jamais seul.

ISBN 978-2-89092-285-3 – 336 PAGES
JACK CANFIELD, MARK VICTOR HANSEN,
JENNIFER READ HAWTHORNE ET MARCI SHIMOFF

Bouillon de poulet pour l'âme des Ados

Journal

Tu as aimé les histoires de *Bouillon de poulet pour l'âme des Ados* parce qu'elles décrivent ce que toi et d'autres ados ressentez et vivez, et parce qu'elles ont été écrites par des ados comme toi. C'est maintenant à ton tour d'écrire tes histoires personnelles.

Le *Journal de Bouillon de Poulet pour l'âme des ados* te permet de décrire tes sentiments et tes expériences de vie d'une manière à la fois amusante et stimulante.

Les sections intitulées *S'aimer soi-même*, *L'amitié*, *Passages difficiles*, *L'amour et la bonté* et d'autres t'aideront à découvrir ce qui compte le plus pour toi, ce que tu ressens face à la vie et, le plus important, ce que tu ressens face à toi-même. Ceci n'est pas simplement un autre journal banal. Il est rempli de merveilleux poèmes, de citations super, de dessins inspirants et d'une foule d'espaces où tu peux écrire — et où tes amis et ta famille peuvent t'écrire. Ce *Journal* deviendra rapidement un de tes souvenirs les plus précieux.

ISBN 978-2-89092-266-2 – 336 PAGES
JACK CANFIELD, MARK VICTOR HANSEN
ET KIMBERLY KIRBERGER

PUBLICATIONS DISPONIBLES DE LA SÉRIE « BOUILLON DE POULET POUR L'ÂME »

1er bol *(aussi en format de poche)*
2e bol
3e bol
4e bol
5e bol
Ados *(aussi en format de poche)*
Ados II *(aussi en format de poche)*
Ados — Journal
Aînés
Amateurs de sport
Amérique
Ami des bêtes
Canadienne
Célibataires
Chrétiens
Concentré *(format de poche seulement)*
Couple *(aussi en format de poche)*
Cuisine (Livre de)
Enfant
Femme
Femme II *(aussi en format de poche)*
Future Maman
Golfeur
Golfeur, la 2e ronde
Grands-parents *(aussi en format de poche)*
Infirmières
Mère *(aussi en format de poche)*
Mère II *(aussi en format de poche)*
Mères et filles
Noël
Père *(aussi en format de poche)*
Préados *(aussi en format de poche)*
Professeurs
Romantique
Survivant
Tasse *(format de poche seulement)*
Travail

PARTICIPEZ AU PROJET

Vous avez une histoire inspirante,
d'espoir ou de courage, à nous raconter?
Faites-nous-la parvenir.

Pour information

www.bouillondepoulet.com

ou

Bouillon de poulet pour l'âme des Québécois
a/s *Je désire soumettre une histoire*
271, Maurice St-Louis, Gatineau, QC J9J 3V9